PALABRA de DIOS

lecturas dominicales y reflexiones espirituales

2 0 0 3

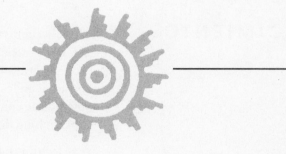

Alberto Martín Jiménez

LTP
LITURGY
TRAINING
PUBLICATIONS

RECONOCIMIENTOS

Agradecemos profundamente al padre Alberto Martín Jiménez por compartir sus reflexiones con nosotros. Lo hace desde su experiencia pastoral en las comunidades campesinas y los medios de comunicación social de la diócesis de San Juan de los Lagos, Jalisco, México.

Las lecturas bíblicas corresponden al Leccionario Mexicano, publicado por Obra Nacional de la Buena Prensa, A.C. © 1992. Buena Prensa es la editora oficial de los textos litúrgicos del Episcopado Mexicano.

Editor: Miguel Arias
Editor de producción: Kris Fankhouser
Asistente editorial: John Lanier
Diseño gráfico: Larry Cope
Composición tipográfica: Kari Nicholls
La fotografía de portada y de las páginas 24, 78, 82 y 100 son de Antonio Pérez; las fotografías de las páginas 12, 36 y 52 son de David Kamba. Impreso en el Canadá por Webcom, Limited of Toronto, Canada.

ISBN 1-56854-399-9
SAHW03

CALENDARIO E ÍNDICE

CÓMO USAR PALABRA DE DIOS

La Sagrada Escritura nos "comunica de modo inmutable la Palabra del mismo Dios". "La Iglesia la ha venerado siempre al igual que al Cuerpo mismo del Señor, ya que, sobre todo en la liturgia, no cesa de tomar de la mesa y de distribuir a los fieles el pan de vida, tanto de la Palabra de Dios como del cuerpo de Cristo" (*Constitución Dogmática sobre la Divina Revelación, Dei Verbum*, 21).

Este libro es una invitación sencilla y práctica a que te familiarices con la Palabra de Dios. Año tras año, preparamos este libro con la finalidad de ayudarte en tu preparación para la Misa dominical, y para esto sugerimos una lectura "orada" antes de la proclamación que escucharás en tu asamblea dominical. Este libro se ha diseñado de tal forma que la Palabra de Dios se quede contigo. De esta forma, te ofrece la oportunidad de seguir reflexionando en las lecturas dominicales a lo largo de la semana.

También presentamos los textos bíblicos que corresponden a la primera lectura del Leccionario Ferial, que también puede ayudarte a fomentar tu vida de oración y reflexión en torno a la Palabra de Dios.

Además de la familiaridad bíblica que este libro te ofrece, encontrarás cada semana del Año Litúrgico, desde el Primer Domingo de Adviento (el 1° de diciembre de 2002) hasta la solemnidad de Jesucristo, Rey del Universo (el 23 de noviembre de 2003). Hemos incluido también las lecturas de las fiestas litúrgicas más importantes de la Iglesia, así como otras festividades marianas propias de los pueblos de América Latina.

El uso de *Palabra de Dios* es sumamente sencillo: puedes buscar las lecturas de acuerdo al domingo correspondiente o de acuerdo a la fecha. También puedes ir directamente al índice que aparece en las primeras páginas.

LECTURAS

Las lecturas son el corazón de *Palabra de Dios*. Al leerlas en tu hogar, te preparas y dispones a escucharlas de manera profunda en la celebración. Por ello recomendamos una lectura pausada antes de ir al templo, y luego seguir orando durante la semana con las lecturas que hemos escuchado.

REFLEXIÓN

El padre Alberto Martín Jiménez es quien ha compartido sus reflexiones en esta edición de *Palabra de Dios*. Lo ha hecho desde su experiencia en comunidades campesinas y en parroquias recién formadas, que nos llevan a un diálogo con los elementos de la vida diaria y de ahí a una aplicación práctica en nuestra vida de fe.

Es conveniente leer las reflexiones para obtener una formación básica que nos ayude a entender el sentido de las lecturas y la aplicación que pudieran tener en nuestros días. Si deseas, puedes ir llevando un diario o cuaderno de notas en el cual puedas escribir tus reflexiones personales. Recordando que Jesús está presente en medio de la comunidad que se reúne a orar en su nombre, te animamos a que utilices este recurso, sencillo en su presentación y profundo en sus contenidos, como una herramienta de ayuda en el crecimiento en la fe.

Este libro corresponde a las fechas del calendario litúrgico del Año B, donde cada domingo escucharemos el Evangelio según la comunidad de san Marcos.

En algunas ocasiones, por falta de espacio, nos vimos en la necesidad de cortar las lecturas, indicando dónde puedes encontrarlas en su totalidad; en otras ocasiones, optamos por citar la versión corta del texto, en vez de la versión larga (que también encontrarás en el Leccionario).

¿QUIÉN ES MARCOS?

De forma unánime, la tradición habla de Marcos como el autor del segundo Evangelio. Sin embargo, quien nos ofrece el testimonio más antiguo es Papías, quien presenta a Marcos como el intérprete de Pedro, quien escribió exactamente, aunque no en orden, todo lo que recordaba de las palabras y acciones del Señor. Marcos jamás escuchó en persona al Señor. No fue un discípulo directo, sino un seguidor de Pedro.

Marcos daba sus instrucciones según las necesidades del momento sin hacer una composición ordenada de las sentencias del Señor. De hecho, escribe lo más exactamente posible lo que recuerda de las predicaciones de Pedro, apegándose totalmente a ellas.

Aunque Marcos escribió el Evangelio en un orden diferente al que lo conocemos, escribió con mucha viveza y espontaneidad. De hecho, el relato guarda la estructura de un discurso, más que de un escrito. Este Evangelio, más que para ser leído, está escrito para ser proclamado. Testimonios de la tradición confirman lo dicho anteriormente: Ireneo dice que, después de la muerte de Pedro y Pablo, Marcos transmitió por escrito lo que había predicado Pedro.

Un estudio cuidadoso al interior del Nuevo Testamento ofrece las mismas conclusiones. Hechos de los Apóstoles habla de un Juan, por sobrenombre "Marcos", y lo relaciona con Pedro. Otros textos dicen que Pablo y Bernabé lo llevaron con ellos de Jerusalén a Antioquía; además, Marcos acompaña a Bernabé a Chipre, hecho que confirma la relación que Marcos tuvo con Pedro y después con Pablo.

¿CUÁNDO ESCRIBIÓ?

No hay unanimidad en cuanto a la fecha de su escritura, al menos por parte de la tradición. Lo más correcto sería decir que este Evangelio se escribió después de la muerte de Pedro. Sin embargo, lo ubicamos alrededor del año 70, pues no encontramos en él indicios de la destrucción del Templo de Jerusalén (ocurrida el mismo año).

COMUNIDAD PARA LA QUE ESCRIBIÓ

Escribió a los romanos y lo hace desde Roma. Esto puede reconocerse mediante un análisis del texto, pues lo dirige a cristianos no judíos, gentiles. De hecho, Marcos escribió para los gentiles. A pesar de haber escrito en griego, se encuentran muchas palabras arameas, pero Marcos las traduce para que puedan ser entendidas por sus lectores. Otro hecho que explica que fue escrito por un judío y destinado a los no judíos es el hecho de que explica tradiciones judías y omite temas de sumo interés para los judíos, como la relación entre la Ley y el Evangelio, y la cuestión de las profecías, tema esencial para un judío. Hay un hecho más. En el relato de la pasión, Marcos se refiere al Cirineo como padre de Alejandro y Rufo, indicando con esto, que ya eran conocidos en Roma.

IDIOMA Y ESTILO LITERARIO

Escribe en griego y, aunque parezca un estilo literario pobre, tiene un aspecto narrativo sumamente rico. Se escribe como una historia que ha de ser contada, de parte de alguien que fue testigo ocular de los hechos; de ahí surge su riqueza narrativa y su aparente pobreza literaria, aunque es muy realista. El mismo estilo lo hace muy preciso, dado que ofrece muchos datos concretos.

Con este recurso pone ante los ojos de sus oyentes los acontecimientos como si acabaran de suceder. Usa un estilo que llaman imperfecto, presentando el pasado como si acabara de suceder: "Se levantó la niña y andaba"; el ciego de Jericó "recobró la vista y le seguía por el camino". Marcos es sugestivo y concreto a la vez. En él no distinguimos un estilista consumado, pero sí un fiel transmisor que ha procurado no omitir nada de lo oído por los testigos oculares. Hay que acreditar que mantiene un estilo muy popular a lo largo de todo su escrito, pues su estilo mantiene un gran contraste en la viveza de los rasgos en formas sumamente sencillas, como su relato de la pasión, por ejemplo.

COMPOSICIÓN

Siempre que alguien escribe, lo hace teniendo un esquema en mente sobre lo que desea escribir. A la vez, resulta difícil descubrir tal esquema, si el autor no es fiel a él. Por eso hay dificultades en optar por un sólo esquema en el Evangelio de Marcos.

Algunos opinan que su esquema es solamente geográfico, ya que presenta una gran precisión tomando como referencia los lugares en los que predicó Jesús: Galilea, fuera de Galilea, Cesarea de Filipo y Jerusalén. Hay quienes se inclinan por tomar en cuenta el elemento geográfico unido al teológico, y dividen así el Evangelio en dos grandes partes: la actividad de Jesús (1—8:26) y después de las instrucciones a los discípulos (8:27—13:37), agregando luego el relato de la pasión y finalmente la resurrección. En la primera parte encontramos una manifestación progresiva de Jesús; en la segunda, sobre todo al final, se revela el misterio del Hijo del hombre.

Como dato al margen, este Evangelio había sido casi ignorado por completo. Hasta el siglo XIX era propiamente desconocido, y se explica por la estrecha relación que tienen algunos pasajes narrados por Lucas y Mateo, quienes a su vez tenían el Evangelio de Marcos como recurso principal. Por ello alcanzaron a captar la multiplicidad de rasgos, que hacen de esta narración un documento de valor incalculable para los cristianos.

ESTRUCTURA GENERAL

La primera impresión que puede tenerse al leer a Marcos es que no tuvo ningún plan de composición. Hay quienes piensan que es una simple colección de recuerdos.

Sin embargo, mediante una lectura atenta reconocemos un progreso y dinamismo increíble en el misterio de Jesús.

Dado que en Marcos predomina el aspecto narrativo (recordemos que este Evangelio se escribe con la naturaleza de una narración verbal), encontramos pocos discursos en cuanto tal: las parábolas del capítulo cuatro, sobre la segunda venida, sobre el discipulado y sobre los pequeños. Lo característico de este género—al menos en Marcos—es insertar instrucciones en sus narraciones.

Otra de las intenciones de Marcos es mostrar que la Buena Nueva de Dios es Jesucristo, Mesías e Hijo de Dios. Esto se compone por la presentación de Juan Bautista, el bautismo de Jesús y las tentaciones. En esta línea, Marcos presenta a un Jesús muy concreto y real, pues lo sitúa en un lugar y tiempo determinado, pretendiendo dar no una biografía, sino una catequesis sobre quién es Jesús y su misión. El otro aspecto es de carácter interno, pues en su estilo narrativo nos presenta una auto-revelación de Jesús como Hijo de Dios (1:1).

¿Cuáles fueron las reacciones frente a dicha revelación? En la misma persona de Jesús está el secreto mesiánico; él mismo parece no tener interés en que se sepa que él es el Mesías e impone el silencio a sus oyentes, sobre todo después de hacer un milagro. Hacia el final del texto, explica que su mesianismo no es temporal, y por ello hablará de la necesidad de padecer y morir. De un miedo aparente, Jesús pasa a una decisión contundente, pues no tiene problema en reconocer ante el Sanedrín que es el Mesías, una declaración que le convertía en reo de muerte. Este grupo fue quien tuvo más problemas en aceptar la divinidad de Jesús; los mismos apóstoles dudaron de ello, aunque sus dudas se borrarían con la noticia de la resurrección.

POSTURAS ANTE JESÚS

Jesús es considerado el Mesías, el más fuerte, que bautizará con el Espíritu Santo. Es el Hijo amado que viene de Galilea, se bautiza y es tentado. Pero la actividad de Jesús comienza con éxitos y conflictos: se proclama el Reino y cuenta con colaboradores para llevarlo a cabo. La anticipación del Reino se manifiesta mediante la victoria sobre los espíritus inmundos y sobre las enfermedades, pero a la vez sus obras provocan graves conflictos entre sus enemigos. No le pueden perdonar que perdone pecados, que coma con los pecadores y publicanos, que sus discípulos no ayunen, que cure en sábado, y que sus discípulos no guarden el sábado.

Esto provoca que los escribas y fariseos se organicen para matarlo, mientras en el pueblo aumenta la fe y lo reconocen como el Santo de Dios: con autoridad para enseñar y poder para expulsar a los espíritus inmundos, capaz de sanar el cuerpo y perdonar pecados, dueño y Señor del sábado.

Esto hace que su popularidad crezca y acudan a él de todas partes. Aumenta el número de sus colaboradores y la gente se amontona frente a él. Los fariseos lo rechazan, pero surge la nueva familia de Jesús a la que él instruye y salva. Su nueva familia habla de su identidad al reconocerlo como "el Hijo de Dios, Hijo del Altísimo", mientras que sus mismos familiares de sangre lo juzgan un loco y los fariseos lo toman como un endemoniado.

CONCLUSIÓN

Lo esencial de Marcos es que un Jesús crucificado y resucitado, es verdaderamente el Mesías, Hijo de Dios y Salvador del mundo. Transmite con toda fidelidad los dichos y hechos de Jesús, aunque resalta el secreto mesiánico. Aunque defiende que Jesús es el Mesías, el Hijo de Dios, da la impresión de que desea minimizar este aspecto, presentando a Jesús con rasgos plenamente humanos.

Finalmente, este Evangelio tiene un carácter cíclico. El anuncio de la resurrección (los versículos finales) nos lleva nuevamente al comienzo de la Buena Nueva de Jesucristo, el Hijo de Dios, según la comunidad de Marcos.

ORACIÓN DE LA NOCHE

La noche es tiempo de vigilia y de descanso, es símbolo de nuestro paso al eterno descanso, nuestra esperanza de entrar al cielo. La Oración de la noche puede hacerse de rodillas en Cuaresma y de pie durante la Pascua.

Salmo 131

Mi corazón, Señor, no es engreído
ni mis ojos soberbios.
No he pretendido cosas grandiosas
ni tenido aspiraciones desmedidas.
Al contrario, tranquila y en silencio
he mantenido mi alma
como un niño en los brazos de su madre.
Como un niño que acaba de mamar,
así está mi alma en mí.
Espera, Israel, en el Señor
desde ahora y por siempre.

El Cántico de Simeón

Señor, ahora, ya puedes dejar
que tu servidor muera en paz,
como le has dicho.
Porque mis ojos
han visto a tu Salvador
que Tú preparaste
para presentarlo a todas las naciones.
Luz para iluminar a todos los pueblos
y gloria de tu pueblo, Israel.

Oración nocturna a la Santísima Virgen María

Tradicionalmente, la última oración del día la dirigimos a la Santísima Virgen María.

Durante el Tiempo Ordinario:

Dios te salve, Reina y Madre de misericordia,
vida, dulzura y esperanza nuestra, Dios te salve.

A ti llamamos los desterrados hijos de Eva,
a ti suspiramos, gimiendo y llorando,
en este valle de lágrimas.

Ea, pues, Señora, abogada nuestra,
vuelve a nosotros tus ojos misericordiosos,
y después de este destierro muéstranos a Jesús,
fruto bendito de tu vientre.

¡Oh clemente, oh piadosa,
oh dulce Virgen María!

Durante el Tiempo Pascual:

Reina del cielo, alégrate, aleluya,
porque a Cristo,
a quien llevaste en tu seno, aleluya,
ha resucitado, según su palabra, aleluya.
Ruega al Señor por nosotros, aleluya.
Goza y alégrate, Virgen María, aleluya.
Porque verdarderamente, ha resucitado el Señor, aleluya.

ORACIÓN DE LA MAÑANA

Al levantarnos por la mañana, los cristianos debemos alabar y dar gracias a Dios. El nuevo día es un renacer a una vida nueva; es el principio del resto de nuestra vida. Es un resurgir para "contemplar con gozo el clarear del nuevo día" (Liturgia de las Horas).

Por eso, nos damos tiempo para orar o para recitar un salmo mientras nos aseamos y nos preparamos para el trabajo del día. Despertar es un símbolo de nuestra pascua de resurrección.

Señor abre mis labios,
y mi boca proclamará tu alabanza.

LA SEÑAL DE LA CRUZ

Por la señal de la Santa Cruz,
de nuestros enemigos líbranos,
Señor, Dios nuestro.
En el nombre del Padre, del Hijo
y del Espíritu Santo. Amén.

Salmo 63

Señor, Tú eres mi Dios, a Ti te busco,
    mi alma tiene sed de Ti,
    en pos de Ti mi carne desfallece
    cual tierra seca, sedienta, sin agua.

Yo quiero contemplarte en el santuario
    para admirar tu gloria y tu poder.
Pues es mejor tu amor que la existencia,
    tu alabanza mis labios contarán;
    podré así bendecirte mientras viva
    y levantar mis manos en tu Nombre.

Como de carne sabrosa me hartaré,
    te elogiaré con labios jubilosos.

Cuando estoy acostado pienso en Ti,
    y durante la noche en Ti medito,
    pues Tú fuiste un refugio para mí
    y me alegré a la sombra de tus alas;
    mi alma se estrecha a Ti con fuerte abrazo
    encontrando su apoyo en tu derecha.

Mas aquellos que tratan de perderme
    irán a los abismos de la tierra,
    serán muertos al filo de la espada,
    servirán de festín a los chacales.

El Rey se sentirá feliz en Dios;
cuantos juran por Él se gloriarán,
mas la boca del hombre mentiroso,
en silencio, cerrada quedará.

Cántico de Zacarías *(el Benedictus)*

Bendito sea el Señor, Dios de Israel,
porque ha visitado y redimido a su pueblo,
suscitándonos una fuerza de salvación
en la casa de David, su siervo,
según lo había predicho desde antiguo
por boca de sus santos profetas.

Es la salvación que nos libra de nuestros enemigos
y de la mano de todos los que nos odian;
ha realizado así la misericordia que tuvo con nuestros padres,
recordando su santa alianza
y el juramento que juró a nuestro padre Abraham.

Para concedernos que, libres de temor,
arrancados de la mano de los enemigos,
le sirvamos con santidad y justicia,
en su presencia, todos nuestros días.

Y a ti, niño, te llamarán profeta del Altísimo,
porque irás delante del Señor
a preparar sus caminos,
anunciando a su pueblo la salvación,
el perdón de sus pecados.

Por la entrañable misericordia de nuestro Dios,
nos visitará el sol que nace de lo alto,
para iluminar a los que viven en tiniebla
y en sombra de muerte,
para guiar nuestros pasos
por el camino de la paz.

■

Padre Nuestro, que estás en el cielo,
santificado sea tu nombre,
venga tu reino;
hágase tu voluntad
en la tierra como en el cielo.
Danos hoy nuestro pan de cada día,
perdona nuestras ofensas,
como también nosotros perdonamos a los que nos ofenden;
no nos dejes caer en la tentación,
y líbranos del mal. Amén.

ORACIÓN DE LA TARDE

Comienza la oración con el siguiente versículo:

Dios mío, ven en mi auxilio.
Apresúrate Señor a socorrerme.

Se enciende una o varias velas como sea conveniente.

Puede cantarse o recitarse el siguiente himno:

Luz alegrante

Luz alegrante,
claridad pura del sempiterno Padre celestial,
Jesucristo, santo y bendito:

Ahora que hemos llegado al ocaso del sol,
y nuestros ojos miran la luz vespertina,
te alabamos con himnos, oh Dios:
  Padre, Hijo y Espíritu Santo.

Digno eres de ser alabado por siempre y para siempre
  con voces gozosas,
oh Hijo de Dios, Dador de la vida;
por tanto te glorifica el universo entero.

Salmo 141:1–5, 8

Señor, a ti clamo, ven pronto a mi socorro, oye mi voz cuando a ti grito.
  Suba a ti mi oración como el incienso; mis manos levantadas sean como el sacrificio de la tarde.
  Señor, pon una guardia ante mi boca y vigila la puerta de mis labios.
  No dejes que me salgan palabras malas.
No me dejes cometer el mal, con los que viven en la maldad.
  No me dejes comer de sus dulzuras. Permite, sí, que el justo me golpee y me corrijan tus amigos, antes que luzca los regalos del injusto.
  Sin cesar opongo mi bondad a su maldad.
  Señor, hacia ti se vuelven mis ojos, en ti me refugio, no me dejes indefenso.

El Cántico de la Santísima Virgen María (*el Magnificat*)

Proclama mi alma la grandeza del Señor,
  se alegra mi espíritu en Dios mi salvador;
  porque ha mirado la humillación de su esclava.

Desde ahora me felicitarán todas las generaciones,
  porque el Poderoso ha hecho obras grandes por mí:
  su nombre es santo
  y su misericordia llega a sus fieles
  de generación en generación.

Él hace proezas con su brazo:
  dispersa a los soberbios de corazón,
  derriba del trono a los poderosos
  y enaltece a los humildes,
  a los hambrientos los colma de bienes
  y a los ricos los despide vacíos.

Auxilia a Israel, su siervo,
  acordándose de su misericordia
  —como lo había prometido a nuestros padres—
  en favor de Abraham y su descendencia por siempre.

Intercesión y Padre Nuestro

Aquí se añade una oración o una forma de intercesión por la misión de la Iglesia, el mundo, nuestra parroquia, nuestros prójimos, nuestra familia y amigos y por nosotros mismos.

ORACIÓN DEL VIERNES

Viernes es nuestro día semanal de ayuno, oración y caridad.

Por tu Cruz y tu Resurrección,
nos has librado Señor.
Salvador del mundo, ¡sálvanos!

Salmo 51:1-6, 12-13

Piedad de mí, Señor, en tu bondad,
por tu gran corazón, borra mi falta.
Que mi alma quede limpia de malicia,
purifícame tú de mi pecado.

Pues mi pecado yo bien lo conozco,
mi falta no se aparta de mi mente;
contra ti, contra ti solo pequé,
lo que es malo a tus ojos, yo lo hice.
Por eso, en tu sentencia tú eres justo,
no hay reproche en el juicio de tus labios.

Crea en mí, oh Dios, un corazón puro,
un espíritu firme pon en mí.
No me rechaces lejos de tu rostro
ni apartes de mí tu santo espíritu.

Oración del día

Dios todopoderoso,
cuyo amado Hijo no ascendió al gozo de tu presencia
sin antes padecer,
ni entró en gloria sin antes ser crucificado,
concédenos por tu misericordia, que nosotros,
caminando por la vía de su cruz,
encontremos que esta es la vía de la vida
y de la paz.
Por Jesucristo nuestro Señor. Amén.

ORACIÓN DEL DOMINGO

En este día, regocijémonos y alegrémonos.

Aclamen al Señor, habitantes de la tierra,
canten un himno a su nombre,
dénle gracias y alábenlo.

Salmo 100

Aclama al Señor
tierra entera,
sirvan al Señor con alegría,
lleguen a él con cantares de gozo.
Sepan que el Señor es Dios.
él nos creó,
a él pertenecemos,
somos su pueblo y ovejas de su aprisco.
Entren por sus puertas dando gracias,
avancen por sus atrios entre himnos,
alábenlo y bendigan su nombre.
Sí, el Señor es bondadoso.
Sí, eterno es su amor, su lealtad por los siglos permanece.

Oración

Oh, Dios, nuestro Rey,
que por la resurrección de tu Hijo Jesucristo
el primer día de la semana,
venciste al pecado,
ahuyentaste la muerte
y nos diste la esperanza de la vida eterna:
Redime todos nuestros días por esta victoria;
perdona nuestros pecados,
destierra nuestros temores,
danos valor para alabarte y hacer tu voluntad;
y fortalécenos para aguardar la consumación
de tu reino en el último gran día.
Por el mismo Jesucristo nuestro Señor. Amén.

ADVIENTO

Salmo 24

Del Señor es la tierra y lo que contiene,
el universo y los que en él habitan;

pues él lo edificó sobre los mares,
él fue quien lo asentó sobre los ríos.

¿Quién subirá hasta el monte del Señor,
quién entrará en su recinto santo?

El que tiene manos inocentes
  y puro el corazón,
el que no pone su alma en cosas vanas
  ni jura con engaños.

La bendición divina él logrará
y justicia de Dios, su salvador.
Aquí vienen los que lo buscan,
para ver tu rostro; ¡Dios de Jacob!

Oh puertas, levanten sus dinteles,
que se agranden las puertas eternas
para que pase el rey de la gloria.

Digan: ¿Quién es el rey de la gloria?
El Señor, el fuerte, el poderoso,
el Señor, valiente en el combate.

Oh puertas, levanten sus dinteles,
que se eleven las puertas eternas
para que pase el rey de la gloria.

¿Quién podrá ser el rey de la gloria?
El Señor, Dios de los Ejércitos,
él es único rey de la gloria.

1° DE DICIEMBRE DE 2002

PRIMERA LECTURA

Isaías 63:16–17,19; 64:2–7

Tú, Señor, eres nuestro padre y nuestro redentor; ése es tu nombre desde siempre. ¿Por qué, Señor, nos has permitido alejarnos de tus mandamientos y dejas endurecer nuestro corazón hasta el punto de no temerte? Vuélvete, por amor a tus siervos, a las tribus que son tu heredad. Ojalá rasgaras los cielos y bajaras, estremeciendo las montañas con tu presencia.

Descendiste y los montes se estremecieron con tu presencia. Jamás se oyó decir, ni nadie vio jamás que otro Dios, fuera de ti, hiciera tales cosas en favor de los que esperan en él. Tú sales al encuentro del que practica alegremente la justicia y no pierde de vista tus mandamientos.

Estabas airado porque nosotros pecábamos y te éramos siempre rebeldes. Todos éramos impuros y nuestra justicia era como trapo asqueroso; todos estábamos marchitos, como las hojas, y nuestras culpas nos arrebataban, como el viento.

Nadie invocaba tu nombre nadie se levantaba para refugiarse en ti, porque nos ocultabas tu rostro y nos dejabas a merced de nuestras culpas.

Sin embargo, Señor, tú eres nuestro padre; nosotros somos el barro y tú el alfarero; todos somos hechura de tus manos.

SEGUNDA LECTURA

Corintios 1:3–9

Hermanos: Les deseamos la gracia y la paz de parte de Dios, nuestro Padre, y de Cristo Jesús, el Señor.

Continuamente agradezco a mi Dios los dones divinos que les ha concedido a ustedes por medio de Cristo Jesús, ya que por él los ha enriquecido con abundancia en todo lo que se refiere a la palabra y al conocimiento; porque el testimonio que damos de Cristo ha sido confirmado en ustedes a tal grado, que no carecen de ningún don ustedes, los que esperan la manifestación de nuestro Señor Jesucristo. Él los hará permanecer irreprochables hasta el fin, hasta el día de su advenimiento. Dios es quien los ha llamado a la unión con su Hijo Jesucristo, y Dios es fiel.

EVANGELIO

Marcos 13:33–37

En aquel tiempo, Jesús dijo a sus discípulos: "Velen y estén preparados, porque no saben cuándo llegará el momento. Así como un hombre que se va de viaje, deja su casa y encomienda a cada quien lo que debe hacer y encarga al portero que esté velando, así también velen ustedes, pues no saben a qué hora va a regresar el dueño de la casa: si al anochecer, a la medianoche, al canto del gallo o a la madrugada. No vaya a suceder que llegue de repente y los halle durmiendo. Lo que les digo a ustedes, lo digo para todos: permanezcan alerta".

DURANTE el Adviento permanecemos en vela, esperando la llegada del Salvador del mundo. Cuatro mil años pasaron para que esta promesa se hiciera realidad. El pueblo judío, que pasó muchas veces por el destierro y la esclavitud bajo la dominación de reyes que no respetaron sus creencias y lo dominaron sin consideración, vivían con ansia desmedida la espera de su redentor. Una y otra vez los profetas animaban al pueblo a mantenerse en pie y a no dejarse vencer por sus enemigos. La llegada del Mesías era inminente.

En medio de la dominación imperial de Roma, Dios envió a Gabriel con el saludo más hermoso que se haya dado sobre la tierra: "Dios te salve María, llena eres de gracia". Le pide que sea parte en el misterio de la encarnación y redención del género humano. El ángel comunica que será obra divina y María se dispone a cumplir la voluntad de Dios.

Cuando Israel ya esperaba la llegada de su redentor, la noticia llegó por medio de extranjeros, manifestando así la universalidad de la salvación. Y esta noticia inquietó al mismo Herodes. Si la llegada del Mesías sorprendió a un pueblo que tenía miles de años esperándolo, ¿qué será de nosotros si no estamos velando y esperando el día de su venida con verdadera preocupación?

¿Cómo quedaría aquella joven princesa, una vez que dio el sí a la solicitud del altísimo de ser la madre de Dios? ¿Qué impacto recibiría desde el momento en que sintió en su vientre el germinar de la semilla divina? ¿Con qué cuidado y atención estaría esperando la llegada de aquella nueva vida, que implicaría un acontecimiento sin igual para toda la humanidad? ¿Qué sentiría aquella pobre huérfana cuando supo que la noticia esperada por toda la humanidad se le había confiado a ella en medio de la mayor confiabilidad? Sin embargo, el altísimo había querido llevar a buen término su proyecto divino con la mayor discreción, con tal naturalidad que pasaría desapercibido para toda la humanidad, como algo que no tuviera ni la más mínima importancia. María ha quedado en cinta y no tiene permiso de aclarar las cosas. Simplemente guarda silencio y pone toda su confianza en el Dios que la ha elegido. ∎

VIVIENDO NUESTRA FE

¿De qué sirve celebrar la Navidad año tras año si Cristo no nace en nuestra vida? Debemos esperar la Navidad como una oportunidad para un encuentro profundo y verdadero con Dios, que por medio de la encarnación se hace parte de nuestra historia. ¿Esperamos con verdadera ansia la llegada de ese momento? Los cristianos debemos entender que no hay negocio más grande, ni más importante, que estar cerca de Dios y darse cuenta de que este Dios se hace uno de nosotros y asume totalmente nuestra humanidad para redimirla de la misma manera que la asume.

PREGUNTAS PARA REFLEXIONAR

1. ¿Cómo celebras la Navidad en tu tradición popular?

2. ¿Cómo te preparas para el evento de Navidad?

3. ¿Qué opinas del consumismo que rodea a la Navidad?

4. ¿Cuál es tu propósito de Adviento?

LECTURAS SEMANALES: Isaías 2:1–5; 11:1–10; 25:6–10a; 26:1–6; 29:17–24; 30:19–21, 23–26.

PRIMERA LECTURA

Isaías 40:1–5, 9–11

"Consuelen, consuelen a mi pueblo, dice nuestro Dios. Hablen al corazón de Jerusalén y díganle a gritos que ya terminó el tiempo de su servidumbre y que ya ha satisfecho por sus iniquidades, porque ya ha recibido de manos del Señor castigo doble por todos sus pecados".

Una voz clama: "Preparen el camino del Señor en el desierto, construyan en el páramo una calzada para nuestro Dios. Que todo valle se eleve, que todo monte y colina se rebajen; que lo torcido se enderece y lo escabroso se allane. Entonces se revelará la gloria del Señor y todos los hombres la verán". Así ha hablado la boca del Señor.

Sube a lo alto del monte, mensajero de buenas nuevas para Sión; alza con fuerza la voz, tú que anuncias noticias alegres a Jerusalén. Alza la voz y no temas; anuncia a los ciudadanos de Judá: "Aquí está su Dios. Aquí llega el Señor, lleno de poder, el que con su brazo lo domina todo. El premio de su victoria lo acompaña y sus trofeos lo anteceden. Como pastor apacentará su rebaño; llevará en sus brazos a los corderitos recién nacidos y atenderá solícito a sus madres".

SEGUNDA LECTURA

2 Pedro 3:8–14

Queridos hermanos: No olviden que para el Señor, un día es como mil años y mil años, como un día. No es que el Señor se tarde, como algunos suponen, en cumplir su promesa, sino que les tiene a ustedes mucha paciencia, pues no quiere que nadie perezca, sino que todos se arrepientan.

El día del Señor llegará como los ladrones. Entonces los cielos desaparecerán con gran estrépito, los elementos serán destruidos por el fuego y perecerá la tierra con todo lo que hay en ella.

Puesto que todo va a ser destruido, piensen con cuánta santidad y entrega deben vivir ustedes esperando y apresurando el advenimiento del día del Señor, cuando desaparecerán los cielos, consumidos por el fuego, y se derretirán los elementos.

Pero nosotros confiamos en la promesa del Señor y esperamos un cielo nuevo y una tierra nueva, en que habite la justicia. Por tanto, queridos hermanos, apoyados en esta esperanza, pongan todo su empeño en que el Señor los halle en paz con él, sin mancha ni reproche.

EVANGELIO

Marcos 1:1–8

Éste es el principio del Evangelio de Jesucristo, Hijo de Dios. En el libro del profeta Isaías está escrito:

He aquí que yo envío a mi mensajero delante de ti, a preparar tu camino. Voz del que clama en el desierto: "Preparen el camino del Señor, enderecen sus senderos".

En cumplimiento de esto, apareció en el desierto Juan el Bautista predicando un bautismo de arrepentimiento, para el perdón de los pecados. A él acudían de toda la comarca de Judea y muchos habitantes de Jerusalén; reconocían sus pecados y él los bautizaba en el Jordán.

Juan usaba un vestido de pelo de camello, ceñido con un cinturón de cuero y se alimentaba de saltamontes y miel silvestre. Proclamaba: "Ya viene detrás de mí uno que es más poderoso que yo, uno ante quien no merezco ni siquiera inclinarme para desatarle la correa de sus sandalias. Yo los he bautizado a ustedes con agua, pero él los bautizará con el Espíritu Santo".

 **VUELVE** a repetirse el tema de la espera continua. Seguimos esperando la venida del Salvador, pero necesitamos prepararnos adecuadamente para recibirlo. Hemos de estar como el custodio de una cárcel que no puede cerrar los ojos por más sueño que traiga, pues bajo su responsabilidad está la seguridad de los prisioneros. Con esa misma perseverancia debemos vivir el Adviento, esta preparación a la venida del Hijo de Dios.

El Evangelio pone a nuestra consideración la imagen de un hombre que prepara los caminos para la venida del Redentor. Éste se retira al desierto y permanece por un largo tiempo preparándose ante la grave responsabilidad que asumiría en el cumplimiento de la redención. Su nombre es Juan, porque así ha sido designado desde lo alto. Ante la incredulidad de su padre, es concebido y dado a luz por una mujer ya anciana. Todos los habitantes de la región se quedan admirados ante las maravillas de Dios. Los signos que acompañan su nacimiento hablan de su importancia y trascendencia en la historia de la salvación.

Se retiró al desierto para lograr una comunicación lo más íntima posible con su Señor. Se enfrentó al hambre y a las inclemencias del tiempo. Aprende a vivir de la providencia divina, en medio del sacrificio, la abnegación y la penitencia. De esta manera se convierte en testigo y ejemplo de conversión para la gente de su tiempo.

Frente a los derroches de dominio, poder, riqueza y vida que se daban los poderosos de su tiempo, Juan se presenta vestido con la mayor sencillez, con la pobreza del que no tiene absolutamente nada para el día de hoy, no digamos para el mañana. Frente al hambre de fama y prestigio que cada persona busca desesperadamente en este mundo, Juan se presenta despojado absolutamente de todo y reconoce públicamente que no es el Mesías, que no es digno de desatar la correa de sus sandalias y que su bautismo es sólo de agua. Pero habla del bautismo en el Espíritu Santo que habrá de traer Jesús.

Más tarde el mismo Cristo dirá de Juan que es el más grande de los profetas. Porque junto a su palabra, ratifica con sus obras lo que pide. Es un ejemplo vivo de la manera en que cada persona debe prepararse para la venida del Redentor. ∎

VIVIENDO NUESTRA FE

Hay que permanecer en vigilia constante si no queremos que el Señor pase de largo por nuestra vida. Hay que vigilar para poder descubrirlo en el rostro de cada persona, en la misma familia, en los migrantes, en las personas de una raza distinta a la nuestra, en los pobres, en los desamparados y en los marginados de la sociedad. ¡Qué importante es descubrir a Jesús en ellos y ellas! Si no lo descubrimos aquí, ¿cómo pretendemos descubrirlo y compartirlo al partir el pan? Debemos crear una conexión entre la presencia de Cristo en las personas, sobre todo en los pobres, y en su presencia real en el santísimo sacramento.

PREGUNTAS PARA REFLEXIONAR

1. ¿Cómo puedes imitar a Juan Bautista?

2. ¿Qué sentido tiene el prepararse por medio de la oración, el ayuno y el silencio?

3. ¿Qué piensas del racismo? ¿Te consideras una persona racista?

LECTURAS SEMANALES: Génesis 3:9–15, 20; Isaías 40:25–31; Zacarías 2:14–17; Isaías 48:17–19; Sirácide 48:1–4, 9–11.

PRIMERA LECTURA

Eclesiástico (Sirácide) 24:23-31

Yo soy como una vid de fragantes hojas y mis flores son producto de gloria y de riqueza. Yo soy la madre del amor, del temor, del conocimiento y de la santa esperanza. En mí está toda la gracia del camino y de la verdad, toda esperanza de vida y virtud.

Vengan a mí, ustedes, los que me aman y aliméntense de mis frutos. Porque mis palabras son más dulces que la miel y mi heredad, mejor que los panales.

Los que me coman seguirán teniendo hambre de mí, los que me beban seguirán teniendo sed de mí; los que me escuchan no tendrán de qué avergonzarse y los que se dejan guiar por mí no pecarán. Los que me honran tendrán una vida eterna.

SEGUNDA LECTURA

Gálatas 4:4-7

Hermanos: Al llegar la plenitud de los tiempos, envió Dios a su Hijo, nacido de una mujer, nacido bajo la ley, para rescatar a los que estábamos bajo la ley, a fin de hacernos hijos suyos.

Puesto que ya son ustedes hijos, Dios envió a sus corazones el Espíritu de su Hijo, que clama "¡Abbá!", es decir, ¡Padre! Así que ya no eres siervo, sino hijo; y siendo hijo, eres también heredero por voluntad de Dios.

EVANGELIO

Lucas 1:39-48

En aquellos días, María se encaminó presurosa a un pueblo de las montañas de Judea, y entrando en la casa de Zacarías, saludó a Isabel. En cuanto ésta oyó el saludo de María, la creatura saltó de gozo en su seno.

Entonces Isabel quedó llena del Espíritu Santo y exclamó: "¡Bendita tú entre las mujeres y bendito el fruto de tu vientre! ¿Quién soy yo para que la madre de mi Señor venga a verme? Apenas llegó tu saludo a mis oídos y el niño saltó de gozo en mi seno. Dichosa tú, que has creído, porque se cumplirá cuanto te fue anunciado de parte del Señor".

Entonces dijo María: "Mi alma glorifica al Señor y mi espíritu se llena de júbilo en Dios, mi salvador, porque puso sus ojos en la humildad de su esclava".

JUAN BAUTISTA tuvo el encargo de preparar el camino para la venida del redentor en el pueblo de Israel. Para que el Reino de Dios pudiera hacerse realidad en nuestro mundo, invitaba al arrepentimiento y la conversión, y muchas gentes se acercaron a él para ser bautizadas.

Pareciera que el evento guadalupano tuvo la encomienda de preparar los caminos para la implantación de la fe en nuestro continente. La historia nos dice que los primeros misioneros tenían verdaderos problemas para lograr la conversión de los nativos americanos, pero que después de la presencia de la Santísima Virgen en su aparición a Juan Diego, terminaban agotados al tener que bautizar a tantas personas que se convertían a la fe cristiana.

Un mar de corazones visitan año tras año el santuario de nuestra madre y señora, a la que no sólo los mexicanos amamos con verdadera devoción, sino que la fe en ella se ha extendido a todo el continente y a muchas otras partes del mundo. Ahora, a más de 450 años de distancia de aquel evento, las palabras de María de Guadalupe siguen grabadas en el corazón de toda América Latina.

Algo digno de recordar y reflexionar de las palabras a Juan Diego ocurrió cuando este pobre indígena quedó con la Virgen Santísima, de volver al día siguiente por la señal para llevársela al obispo como prueba que era la Señora del cielo la que quería que se le construyera un templo. Pero sucedió que cuando llegó a su casa, se encontró con que su tío, Juan Bernardino, estaba gravemente enfermo. Al día siguiente, en lugar de regresarse con la Virgen por la señal, pensó sacarle la vuelta para que no lo entretuviera porque iba de prisa en busca de un sacerdote y un médico para que atendieran a su tío.

Lo importante de esta acción es que para Juan Diego primero está la caridad con su prójimo, en este caso con su tío. En su sencillez, coloca a la Señora del cielo a un lado para ayudar a un hermano en necesidad. Éste es verdaderamente el espíritu cristiano, pues al ayudar al prójimo ahí nos encontramos con Dios y con su santísima madre, como Juan Diego. Por otro lado, la respuesta de la Señora del cielo es evidente: "¿No estoy yo aquí que soy tu madre?" Nuevamente, María de Guadalupe, sin ignorar nuestras realidades terrenas, nos orienta al Reino de Dios, a que no perdamos de vista lo esencial: el mensaje de su Hijo que ella misma encarnó, no sólo en su vientre, sino en nuestra cultura y en nuestra propia historia. ∎

VIVIENDO NUESTRA FE

¡Cómo hace falta darnos cuenta de que la mayor parte de nuestros problemas surgen precisamente cuando nos alejamos de los caminos de Dios! Juan Diego le andaba sacando la vuelta a la Virgen porque temía que lo entretuviera y que su tío se muriera por no llevarle a tiempo un médico. No pensó en que precisamente ella era su mejor intercesora y que, como madre, era la primera preocupada por lo que le pasaba a su hijo.

Bueno sería que nunca pensáramos que ir al templo es lo mismo que perder el tiempo, y que ante cualquiera de nuestros problemas primero le pidamos al Señor y a la Santísima Virgen que nos ayuden y después hacer todo lo que a nosotros nos corresponde para encontrar la solución. Pero ante todo es el Reino de Dios.

PREGUNTAS PARA REFLEXIONAR

1. ¿Cómo ha sido tu devoción familiar y personal a la Santísima Virgen? ¿Qué imagen se venera en tu país de origen? ¿Cómo la celebran?

2. ¿Has pensado en convertirte en promotor de la devoción a la Santísima Virgen de Guadalupe en el medio ambiente en que te desarrollas? ¿Cómo?

3. ¿Sabes de algunas personas que han recibido algún favor de la Santísima Virgen de Guadalupe? ¿Qué te enseña la fe de estas personas?

PRIMERA LECTURA

Isaías 61:1-2, 10-11

El espíritu del Señor está sobre mí, porque me ha ungido y me ha enviado para anunciar la buena nueva a los pobres, a curar a los de corazón quebrantado, a proclamar el perdón a los cautivos, la libertad a los prisioneros y a pregonar el año de gracia del Señor.

Me alegro en el Señor con toda el alma y me lleno de júbilo en mi Dios, porque me revistió con vestiduras de salvación y me cubrió con un manto de justicia, como el novio que se pone la corona, como la novia que se adorna con sus joyas.

Así como la tierra echa sus brotes y el jardín hace germinar lo sembrado en él, así el Señor hará brotar la justicia y la alabanza ante todas las naciones.

SEGUNDA LECTURA

Tesalonicenses 5:16-24

Hermanos: Vivan siempre alegres, oren sin cesar, den gracias en toda ocasión, pues esto es lo que Dios quiere de ustedes en Cristo Jesús. No impidan la acción del Espíritu Santo, ni desprecien el don de profecía; pero sométanlo todo a prueba y quédense con lo bueno. Absténganse de toda clase de mal. Que el Dios de la paz los santifique a ustedes en todo y que todo su ser, espíritu, alma y cuerpo, se conserve irreprochable hasta la llegada de nuestro Señor Jesucristo. El que los ha llamado es fiel y cumplirá su promesa.

EVANGELIO

Juan 1:6-8, 19-28

Hubo un hombre enviado por Dios, que se llamaba Juan. Este vino como testigo, para dar testimonio de la luz, para que todos creyeran por medio de él. Él no era la luz, sino testigo de la luz.

Éste es el testimonio que dio Juan el Bautista, cuando los judíos enviaron desde Jerusalén a unos sacerdotes y levitas para preguntarle: "¿Quién eres tú?" Él reconoció y no negó quién era. Él afirmó: "Yo no soy el Mesías". De nuevo le preguntaron: "¿Quién eres, pues? ¿Eres Elías?" Él les respondió: "No lo soy". "¿Eres el profeta?" Respondió: "No". Le dijeron: "Entonces dinos quién eres, para poder llevar una respuesta a los que nos enviaron. ¿Qué dices de ti mismo?" Juan les contestó: "Yo soy la voz que grita en el desierto: 'Enderecen el camino del Señor', como anunció el profeta Isaías".

Los enviados, que pertenecían a la secta de los fariseos, le preguntaron: "Entonces ¿por qué bautizas, si no eres el Mesías, ni Elías, ni el profeta?" Juan les respondió: "Yo bautizo con agua, pero en medio de ustedes hay uno, al que ustedes no conocen, alguien que viene detrás de mí, a quien yo no soy digno de desatarle las correas de sus sandalias".

Esto sucedió en Betania, en la otra orilla del Jordán, donde Juan bautizaba.

 **CONTRARIAMENTE** a lo que estamos acostumbrados a experimentar, en este Evangelio encontramos a un hombre que no le teme a la verdad y que no tiene la más mínima intención de engañar a quienes se acercan a él para saber su identidad. Su presencia ha causado gran admiración en toda la región; los principales de su pueblo están preocupados por saber de quién se trata y envían emisarios con la comisión de no regresar sin haber descubierto la identidad de tan famoso personaje.

A diferencia de lo que acontece ordinariamente, cada persona está hambrienta por lucir, aparecer y deslumbrar, y tiene muchos afanes de grandeza. Juan sorprende a sus encuestadores con sus respuestas. Tiene claridad perfecta respecto a su misión. Él no es el Mesías, ni Elías, ni siquiera se da a sí mismo el título de profeta, aunque después los judíos lo reconocerían como el único profeta verdadero de los últimos 400 años antes de la venida de Cristo. Juan ha sido llamado a preparar los caminos al ya presente salvador del mundo. Él es un grito contundente en medio del desierto, invitando a toda la gente a prepararse a la venida del esperado de las naciones. Curiosamente nos vemos sorprendidos de cómo la verdad no disminuye a nadie, antes bien la figura de Juan se agiganta de forma increíble. Pero Juan sabe su misión, y no envidia ni quiere asumir falsamente personalidades ajenas, un hecho que le da un prestigio y autoridad moral que nadie tenía en su contexto, a no ser Jesús.

Entonces, ¿por qué bautizas si no eres el Mesías, ni Elías, ni alguno de los profetas? Juan acentúa que su bautismo no es el definitivo, que este bautismo sólo lleva a la conversión, y presenta el bautismo en el Espíritu, por medio del cual habrá de renacer la persona, un bautismo que llega a su totalidad no en la encarnación, sino en la resurrección. Es por eso que Juan sale triunfante de las preguntas que le acosan. Porque a parte de tener clara su misión, enfoca a sus seguidores y enemigos al que ya está en medio de ellos.

En el mundo de engaño en el que vivió Juan, su presencia fue una luz de esperanza para creer nuevamente en la verdad, y Juan aparece como un testigo de la verdad, pues para eso había venido: "Para ser testigo de la verdad". ∎

VIVIENDO NUESTRA FE

En cualquier institución o grupo, nos preocupamos por mantener una buena imagen frente a los jefes, frente a quienes tienen posibilidades, o frente a quienes pueden darnos un mejor hueso en el trabajo o Iglesia. Sin embargo, no siempre nos preocupamos con el mismo afán por la verdad: la verdad sobre nosotros mismos, sobre nuestras intenciones, sobre el poco amor que en ocasiones tenemos por nosotros mismos y por los demás, sobre la poca caridad y deseo de hacer de este mundo uno más justo para todos. Eso no es cuestión de imagen, sino de integridad. Es cuestión de convertirnos en una verdadera imagen de Dios para recibirlo en la persona de Jesús y de los demás esta Navidad.

PREGUNTAS PARA REFLEXIONAR

1. ¿Cuál es la imagen que tienes de Jesús? Coméntala en grupo.

2. Hoy, ¿qué significa ser testigo de la verdad?

3. ¿Cuáles son los profetas de nuestro tiempo?

4. ¿Por qué la gente pide el bautismo para sus hijos e hijas?

LECTURAS SEMANALES: Números 24:2-7, 15-17a; Génesis 49:2, 8-10; Jeremías 23:5-8; Jueces 13:2-7, 24-25a; Isaías 7:10-14; Cantar de los Cantares 2:8-14.

22 DE DICIEMBRE DE 2002

PRIMERA LECTURA

2 Samuel 7:1-5, 8-12, 14, 16

Tan pronto como el rey David se instaló en su palacio y el Señor le concedió descansar de todos los enemigos que lo rodeaban, el rey dijo al profeta Natán: "¿Te has dado cuenta de que yo vivo en una mansión de cedro, mientras el arca de Dios sigue alojada en una tienda de campaña?" Natán le respondió: "Anda y haz todo lo que te dicte el corazón, porque el Señor está contigo".

Aquella misma noche habló el Señor a Natán y le dijo: "Ve y dile a mi siervo David que el Señor le manda decir esto: '¿Piensas que vas a ser tú el que me construya una casa para que yo habite en ella? Yo te saqué de los apriscos y de andar tras las ovejas, para que fueras el jefe de mi pueblo, Israel. Yo estaré contigo en todo lo que emprendas, acabaré con tus enemigos y te haré tan famoso como los hombres más famosos de la tierra.

" 'Le asignaré un lugar a mi pueblo, Israel; lo plantaré allí para que habite en su propia tierra. Vivirá tranquilo y sus enemigos ya no lo oprimirán más, como lo han venido haciendo desde los tiempos en que establecí jueces para gobernar a mi pueblo, Israel. Y a ti, David, te haré descansar de todos tus enemigos.

" 'Además, yo, el Señor, te hago saber que te daré una dinastía; y cuando tus días se hayan cumplido y descanses para siempre con tus padres, engrandeceré a tu hijo, sangre de tu sangre, y consolidaré su reino. Yo seré para él un padre y él será para mí un hijo. Tu casa y tu reino permanecerán para siempre ante mí, y tu trono será estable eternamente'".

SEGUNDA LECTURA

Romanos 16:25-27

Hermanos: A aquel que puede darles fuerzas para cumplir el Evangelio que yo he proclamado, predicando a Cristo, conforme a la revelación del misterio, mantenido en secreto durante siglos, y que ahora, en cumplimiento del designio eterno de Dios, ha quedado manifestado por las Sagradas Escrituras, para atraer a todas las naciones a la obediencia de la fe, al Dios único, infinitamente sabio, démosle gloria, por Jesucristo, para siempre. Amén.

EVANGELIO

Lucas 1:26-38

En aquel tiempo, el ángel Gabriel fue enviado por Dios a una ciudad de Galilea, llamada Nazaret, a una virgen desposada con un varón de la estirpe de David, llamado José. La virgen se llamaba María.

Entró el ángel a donde ella estaba y le dijo: "Alégrate, llena de gracia, el Señor está contigo". Al oír estas palabras, ella se preocupó mucho y se preguntaba qué querría decir semejante saludo.

El ángel le dijo: "No temas, María, porque has hallado gracia ante Dios. Vas a concebir y a dar a luz un hijo y le pondrás por nombre Jesús. Él será grande y será llamado Hijo del Altísimo; el Señor Dios le dará el trono de David, su padre, y él reinará sobre la casa de Jacob por los siglos y su reinado no tendrá fin".

María le dijo entonces al ángel: "¿Cómo podrá ser esto, puesto que yo permanezco virgen?" El ángel le contestó: "El Espíritu Santo descenderá sobre ti y el poder del Altísimo te cubrirá con su sombra. Por eso, el Santo, que va a nacer de ti, será llamado Hijo de Dios.

"Ahí tienes a tu parienta Isabel, que a pesar de su vejez, ha concebido un hijo y ya va en el sexto mes la que llamaban estéril, porque no hay nada imposible para Dios". María contestó: "Yo soy la esclava del Señor; cúmplase en mí lo que me has dicho". Y el ángel se retiró de su presencia.

 **EL EVANGELIO** nos presenta al que será llamado "Hijo del Altísimo", y a su lado a María, quien será madre y virgen a la vez, por designio divino. Con su vida pública, Jesús manifestará ambas cosas: que era Dios (por medio de los milagros, pues sólo Dios puede romper las reglas de la naturaleza) y que María permanecerá no sólo como madre de Jesús, sino que también sería la madre de Dios, pues Jesús era Dios.

Otro hecho que revela la identidad divina de Jesús es el poder que tiene de perdonar los pecados, algo reservado sólo para Dios. Esto mismo se lo echaría en cara los fariseos, a parte de que se había declarado Hijo de Dios. La resurrección de Lázaro y su dominio sobre la muerte y la vida será otro hecho innegable de su divinidad.

En cuanto a María tenemos la misma incertidumbre: el hecho de saber que era el Hijo de Dios, pero el no verlo claro, como un hecho contundente. Frente a esta situación, María guarda silencio y pocas veces verá a Jesús actuar como Dios, aunque será de las primeras que testificarán la resurrección, el evento y la acción contundente de nuestra fe, culmen de la encarnación y la redención.

Por otra parte, cuando hablamos de la virginidad y maternidad de María, nos encontramos de inmediato con el rechazo de muchas sectas a esta realidad y con que la ciencia misma no lo puede aceptar. ¿Quién puede atreverse a dar tal afirmación sin parecer un necio? ¿Cómo puede dar a luz una virgen? Esto es biológicamente imposible. ¿Cómo una mujer puede ser virgen y madre a la vez? Por eso les llamamos misterios de nuestra redención: no están al alcance de la mente humana, no los podemos comprender en su totalidad.

En cuanto a la maternidad de María, hay que afirmar que no es aceptada por todas las denominaciones cristianas, pues muchas de ellas lo ven como una necedad. Es por eso que la Iglesia los llama misterios—no porque sean incomprensibles para el pensamiento humano, sino que por mucho que se les comprenda. Jamás llegamos a abarcar totalmente la riqueza de su contenido y significado.

Es fácil reconocer la voluntad de Dios para quien tiene fe. Antes de ponerse a analizar si son cosas compatibles con la inteligencia humana, lo que más interesa es descubrir que son cosas venidas de Dios. María es un ejemplo de esto. ∎

VIVIENDO NUESTRA FE

La actitud del cristiano ha de ser semejante a la de María. No debe estar desconectado de la realidad de su mundo, de las exigencias, de las preocupaciones y de los desafíos que le presenta en el campo religioso y social. En un mundo de competencia por la imagen y el primer puesto, hay que estar dispuestos a servir, en silencio o en público, en casa o en cargos comunitarios, en la Iglesia y en la sociedad en general. Tal actitud será un reflejo auténtico de lo que significa ser cristiano en una situación tan concreta.

PREGUNTAS PARA REFLEXIONAR

1. ¿Cuál es tu compromiso hacia la comunidad?

2. ¿Cómo entiendes la conexión entre tu fe y las obras de caridad y justicia?

3. ¿Qué opinas de quienes hacen alguna obra de caridad y la andan anunciando a todo el mundo?

4. El buen juez por su casa empieza. ¿Qué significa esto?

LECTURAS SEMANALES: Malaquías 3:1-4, 23-24; 2 Samuel 7:1-5,8b-12, 14a, 16; Isaías 52:7-10; Hechos 6:8-10; 7:54-59; 1 Juan 1:1-4; 1:5—2:2.

NAVIDAD

S a l m o   9 8

Entonen al Señor un canto nuevo, pues obró
maravillas.
Suya fue la salvación, obra de su mano,
victoria del Santo.

El Señor trajo la salvación, y reconocieron
los pueblos que él es Santo.

Renovó su amor y lealtad a Israel.
Han visto los extremos de la tierra
la salvación de nuestro Dios.

¡Aclama al Señor, tierra entera,
con gritos de alegría!

Canten salmos al Señor tocando el arpa;
aclámenlo con cantos y música.

Aclamen con trompetas y con cuernos
al Señor nuestro rey.

Oígase el clamor del mar y de toda su gente;
de la tierra y sus pobladores.

Aplaudan juntos los ríos,
y alégrense los montes.

Delante del Señor, que ya viene
a juzgar la tierra.
Juzgará con justicia al universo,
y según el derecho a las naciones.

PRIMERA LECTURA

Isaías 9:1-3, 5-6

El pueblo que caminaba en tinieblas vio una gran luz; sobre los que vivían en tierra de sombras, una luz resplandeció.

Engrandeciste a tu pueblo e hiciste grande su alegría. Se gozan en tu presencia como gozan al cosechar, como se alegran al repartirse el botín. Porque tú quebrantaste su pesado yugo, la barra que oprimía sus hombros y el cetro de su tirano, como en el día de Madián.

Porque un niño nos ha nacido, un hijo se nos ha dado; lleva sobre sus hombros el signo del imperio y su nombre será: "Consejero admirable", "Dios poderoso", "Padre sempiterno", "Príncipe de la paz"; para extender el principado con una paz sin límites sobre el trono de David y sobre su reino; para establecerlo y consolidarlo con la justicia y el derecho, desde ahora y para siempre. El celo del Señor lo realizará.

SEGUNDA LECTURA

Tito 2:11-14

Querido hermano: La gracia de Dios se ha manifestado para salvar a todos los hombres y nos ha enseñado a renunciar a la irreligiosidad y a los deseos mundanos, para que vivamos, ya desde ahora, de una manera sobria, justa y fiel a Dios, en espera de la gloriosa venida del gran Dios y salvador, Cristo Jesús, nuestra esperanza. Él se entregó por nosotros para redimirnos de todo pecado y purificarnos, a fin de convertirnos en pueblo suyo, fervorosamente entregado a practicar el bien.

EVANGELIO

Lucas 2:1-14

Por aquellos días, se promulgó un edicto de César Augusto, que ordenaba un censo de todo el imperio. Este primer censo se hizo cuando Quirino era gobernador de Siria. Todos iban a empadronarse, cada uno en su propia ciudad; así es que también José, perteneciente a la casa y familia de David, se dirigió desde la ciudad de Nazaret, en Galilea, a la ciudad de David, llamada Belén, para empadronarse, juntamente con María, su esposa, que estaba encinta.

Mientras estaban ahí, le llegó a María el tiempo de dar a luz y tuvo a su hijo primogénito; lo envolvió en pañales y lo recostó en un pesebre, porque no hubo lugar para ellos en la posada.

En aquella región había unos pastores que pasaban la noche en el campo, vigilando por turno sus rebaños. Un ángel del Señor se les apareció y la gloria de Dios los envolvió con su luz y se llenaron de temor. El ángel les dijo: "No teman. Les traigo una buena noticia, que causará gran alegría a todo el pueblo: hoy les ha nacido, en la ciudad de David, un salvador, que es el Mesías, el Señor. Esto les servirá de señal: encontrarán al niño envuelto en pañales y recostado en un pesebre".

De pronto se le unió al ángel una multitud del ejército celestial, que alababa a Dios, diciendo: "¡Gloria a Dios en el cielo, y en la tierra paz a los hombres de buena voluntad!"

Misa Vespertina de la Vigilia
Isaías 62:1-5; Hechos 13:16-17, 22-25;
Mateo 1:1-25

Misa de la aurora
Isaías 62:11-12; Tito 3:4-7; Lucas 2:15-20

Misa del día
Isaías 52:7-10; Hebreos 1:1-6;
Juan 1:1-18

 **HAY COSAS** que para el común de nuestra gente son muy difíciles de entender. Se trata de la serie interminable de injusticias que se cometen. No pocas veces se hacen reclamos a Dios por permitirlas, incluso habrá quienes le echen la culpa a Dios. Sin embargo, quienes tienen una fe firme y sólida saben perfectamente que Dios no se equivoca y que sabe sacar bien es de los peores males.

Cuando reflexionamos sobre lo acontecido en esta noche santa, no podemos dejar desapercibido que la misma soberbia y capricho de los humanos a fin de cuentas terminan siempre sirviendo al Señor. César Augusto ordena un censo en todo su imperio, sólo con el afán de medir la grandeza de su reino y sin fijarse o tomar en cuenta los sacrificios y molestias que causará a la gente. María y José andan un largo camino para cumplir con las órdenes del césar, pero a la vez este edicto imperial termina por servir para el cumplimiento de las Escrituras, que anunciaron el nacimiento del Mesías en Belén.

¿Cuántas veces nos desesperamos porque nos parece completamente injusto lo que le está sucediendo a una persona que estimamos mucho: papá, mamá, hijo o hermano, ya sea por alguna enfermedad o algún accidente, que lo hace quedar postrado por largo tiempo? Sin embargo, cuando las cosas van tomando su nivel, llega el día en que nos damos cuenta de que a causa de aquel accidente o enfermedad, aquella persona tomó conciencia de muchas cosas y fue la oportunidad para una verdadera conversión.

¿A qué ser humano se le hubiera ocurrido que el Hijo del verdadero Dios naciera en un establo? ¿Cómo es posible que el dueño y Señor de cuanto existe viniera a este mundo como el más pobre entre los pobres?

El rey de cielos y tierra escoge para su familia a un par de personas que limitadamente cuentan con lo indispensable para vivir. Cuando el mundo entero hubiera pensado que nacería de la casa real de David, vestido de inmediato con todos los atuendos regios, viene a este mundo como el más pobre de los pobres, el más sencillo de los sencillos, sin contar siquiera con lo más indispensable para vivir. De hecho, así muere, totalmente pobre, desnudo, clavado en la cruz.

Por eso los primeros en conocer la noticia de su nacimiento fueron precisamente unos pastores muy pobres, quienes por su misma situación de rechazo social se sienten identificados con el rey naciente. ■

VIVIENDO NUESTRA FE

Frente a la ambición humana, que se afana desesperadamente por conseguir el mayor número posible de bienes materiales y que lucha incansablemente por alcanzar la meta de las riquezas, como fuente segura de felicidad, en el nacimiento del mismo Dios, que se hace hombre como nosotros, tenemos un mensaje inconfundible: "Los bienes de la tierra no son garantía de felicidad verdadera". Si Dios, dueño absoluto de la creación, escogió nacer pobre y no tener ni siquiera una almohada donde reclinar su cabeza, está marcando el estilo de vida para quien quiera ser discípulo suyo y alcanzar la vida eterna. La pregunta es si estamos dispuestos a vivir este estilo de vida.

PREGUNTAS PARA REFLEXIONAR

1. ¿Cómo lees este mensaje que el Señor nos ofrece al venir a este mundo como pobre y peregrino?

2. ¿Por qué los pastores fueron los primeros elegidos para conocer tan gran misterio?

3. ¿Crees que la riqueza resuelve los problemas?

4. ¿Has vivido la experiencia de gozarlo todo y de ser feliz?

5. ¿Cómo te hubiera gustado que fuera el nacimiento de Cristo?

29 DE DICIEMBRE DE 2002

PRIMERA LECTURA

Eclesiástico (Sirácide) 3:3–7, 14–17

El Señor honra al padre en los hijos y respalda la autoridad de la madre sobre la prole. El que honra a su padre queda limpio de pecado; y acumula tesoros, el que respeta a su madre.

Quien honra a su padre, encontrará alegría en sus hijos y su oración será escuchada; el que enaltece a su padre, tendrá larga vida y el que obedece al Señor, es consuelo de su madre.

Hijo, cuida de tu padre en la vejez y en su vida no le causes tristeza; aunque chochee, ten paciencia con él y no lo menosprecies por estar tú en pleno vigor. El bien hecho al padre no quedará en el olvido y se tomará a cuenta de tus pecados.

SEGUNDA LECTURA

Colosenses 3:12–21

EVANGELIO

Lucas 2:22–40

Transcurrido el tiempo de la purificación de María, según la ley de Moisés, ella y José llevaron al niño a Jerusalén para presentarlo al Señor, s de acuerdo con lo escrito en la ley: Todo primogénito varón será consagrado al Señor, y también para ofrecer, como dice la ley, un par de tórtolas o dos pichones.

Vivía en Jerusalén un hombre llamado Simeón, varón justo y temeroso de Dios, que aguardaba el consuelo de Israel; en él moraba el Espíritu Santo, el cual le había revelado que no moriría sin haber visto antes al Mesías del Señor. Movido por el Espíritu, fue al templo, y cuando José y María entraban con el niño Jesús para cumplir con lo prescrito por la ley, Simeón lo tomó en brazos y bendijo a Dios, diciendo:

"Señor, ya puedes dejar morir en paz a tu siervo, según lo que me habías prometido, porque mis ojos han visto a tu Salvador, al que has preparado para bien de todos los pueblos; luz que alumbra a las naciones y gloria de tu pueblo, Israel".

El padre y la madre del niño estaban admirados de semejantes palabras. Simeón los bendijo, y a María, la madre de Jesús, le anunció: "Este niño ha sido puesto para ruina y resurgimiento de muchos en Israel, como signo que provocará contradicción, para que queden al descubierto los pensamientos de todos los corazones. Y a ti, una espada te atravesará el alma".

Había también una profetisa, Ana, hija de Fanuel, de la tribu de Aser. Era una mujer muy anciana. De joven, había vivido siete años casada y tenía ya ochenta y cuatro años de edad. No se apartaba del templo ni de día ni de noche, sirviendo a Dios con ayunos y oraciones. Ana se acercó en aquel momento, dando gracias a Dios y hablando del niño a todos los que aguardaban la liberación de Israel.

Y cuando cumplieron todo lo que prescribía la ley del Señor, se volvieron a Galilea, a su ciudad de Nazaret. El niño iba creciendo y fortaleciéndose, se llenaba de sabiduría y la gracia de Dios estaba con él.

 **EN LA** actualidad hay muchas personas que se casan y desean formar una familia. Hay quienes se casan porque verdaderamente se aman, otros por compromiso social, otros porque no tienen el valor de decir que no y otros más porque ya están esperando bebé. Independientemente de la razón por la cual se acerquen a la Iglesia a pedir bendición en santo matrimonio, hoy en día tenemos muchas bodas. Celebramos mucho el amor de los novios y es muy bueno celebrarlo y bendecirlo.

Sin embargo, no celebramos aniversarios matrimoniales en el mismo ritmo. ¿Qué cambia? ¿Qué pasa durante esos años de matrimonio en el que la pareja convive? ¿No podríamos acaso celebrar 25 ó 50 años de aniversario por lo menos una vez a la semana? ¿No hay parejas felices que hayan decidido renovar sus promesas matrimoniales y con ello ser un testimonio de lo que es el verdadero amor, o el formar y sostener una familia? Como sacerdote, y como cristiano, siempre me ha alentado el celebrar aniversarios de bodas, porque sigo creyendo en el amor, pero me gustaría hacerlo con más frecuencia.

De las cosas que gozo mucho en la vida es ver a dos ancianos tomados de la mano en los parques, en la calle o en cualquier parte. Pienso en que el amor que profesaron alguna vez en su vida, en los años jóvenes, lo supieron regar, cultivar y ahora es ese mismo amor el que los mantiene unidos; es ese amor el que les ha dado el fruto de los hijos. ¿Qué significa un testimonio así para los jóvenes? ¿Qué ejemplo nos da esto para la formación de una familia a ejemplo de la familia de Nazaret?

La primera lectura es sabia al afirmar el respeto como un valor integral en la formación de una familia. En ella, cada uno de sus miembros tiene un lugar y éste debe respetarse. Los niños, por ser niños, merecen ser tratados como tales, son personas, merecen respeto, merecen un lugar en la casa, no son estorbo. Los padres no están pintados; tienen autoridad sobre los hijos. Si bien no son los dueños de ellos, sí son los responsables ante Dios y ante la sociedad de que estos hijos e hijas no sólo sean verdaderos cristianos sino también ciudadanos comprometidos con la transformación y cambios de su país. ■

VIVIENDO NUESTRA FE

Muchos padres, sobre todo los machos o las mujeres con actitudes machistas en versión femenina, piensan que la autoridad está en el gritar más o en el golpear más duro. Están equivocados. La autoridad tampoco reside en el dinero que se aporta a la familia; eso no tiene nada que ver con la autoridad.

En primer lugar, la autoridad la tienen por parte de Dios, pero deben hacerla valer con el ejemplo y con un diálogo integrado entre lo que pasa con sus hijos y lo que sus hijos quieren hacer. Ambos merecen respeto. Ambos reconocen la autoridad. Ambos deben cuidarla y situarla en un ejemplo que convenza más que las palabras.

PREGUNTAS PARA REFLEXIONAR

1. ¿Qué organizaciones o personas trabajan por la estabilidad de la familia?

2. ¿Qué importancia tiene para ti vivir en familia?

3. ¿Qué modelo de familia se vive en tu cultura? ¿Estás de acuerdo con él?

4. ¿Qué piensas del machismo en todas sus versiones?

LECTURAS SEMANALES: 1 Juan 2:18–21; Números 6:22–27; 1 Juan 2:22–28; 2:29—3:6; 3:7–10; 3:11–21.

1º DE ENERO DE 2003

PRIMERA LECTURA

Números 6:22-27

En aquel tiempo, el Señor habló a Moisés y le dijo: "Di a Aarón y a sus hijos: 'De esta manera bendecirán a los israelitas: El Señor te bendiga y te proteja, haga resplandecer su rostro sobre ti y te conceda su favor. Que el Señor te mire con benevolencia y te conceda la paz'. Así invocarán mi nombre sobre los israelitas y yo los bendeciré".

SEGUNDA LECTURA

Gálatas 4:4-7

Hermanos: Al llegar la plenitud de los tiempos, envió Dios a su Hijo, nacido de una mujer, nacido bajo la ley, para rescatar a los que estábamos bajo la ley, a fin de hacernos hijos suyos.

Puesto que ya son ustedes hijos, Dios envió a sus corazones el Espíritu de su Hijo, que clama "¡Abbá!", es decir, ¡Padre! Así que ya no eres siervo, sino hijo; y siendo hijo, eres también heredero por voluntad de Dios.

EVANGELIO

Lucas 2:16-21

En aquel tiempo, los pastores fueron a toda prisa hacia Belén y encontraron a María, a José y al niño, recostado en el pesebre. Después de verlo, contaron lo que se les había dicho de aquel niño y cuantos los oían, quedaban maravillados. María, por su parte, guardaba todas estas cosas y las meditaba en su corazón.

Los pastores se volvieron a sus campos, alabando y glorificando a Dios por todo cuanto habían visto y oído, según lo que se les había anunciado.

Cumplidos los ocho días, circuncidaron al niño y le pusieron el nombre de Jesús, aquel mismo que había dicho el ángel, antes de que el niño fuera concebido.

 **DENTRO** de los misterios insondables de nuestra fe, este día es uno de ellos sin duda. No quiero meterme en discusiones teológicas con respeto a la maternidad divina de María: simplemente quiero manifestar que la obra de María en la historia de la salvación humana es todo un misterio.

Desde el momento en que hablamos de María como virgen y madre a la vez, afirmamos una contradicción racional. Para nosotros es perfectamente claro que una madre no puede ser virgen. Cuando hablamos de la maternidad divina de María, surge de inmediato la pregunta: ¿cómo una criatura puede ser madre de su creador? Para nadie sería un problema aceptar que María es la madre de Cristo en cuanto hombre, ¿pero cómo ser la madre de Cristo en cuanto a Dios? Sin embargo, cuando afirmamos que en Cristo hay dos naturalezas en una sola persona—la divina y la humana—afirmamos que María, al ser la madre de Cristo, también es madre de Dios.

Sólo cuando la inteligencia (no la ignorancia) da paso a la fe podemos aceptar las enseñanzas divinas plenamente, aunque no las comprendamos como quisiéramos. Los misterios de Dios son inescrutables, pero ha manifestado un amor tan grande por nosotros que no podemos desconfiar de él. Así como repugna a la mente humana que María pueda ser virgen y madre a la vez, de la misma manera nos cuesta trabajo aceptar que María sea la madre de Dios. ¿Por qué sorprendernos al no poder entender estos misterios si hay tantas cosas en la vida humana que no alcanzamos a comprender?

Cada persona sólo conoce un poco del campo en el que se desempeña, pues es imposible conocerlo todo. De hecho, cuando se nos pregunta algo de eso, no siempre lo sabemos. De Dios es más lo que ignoramos que lo que podamos saber, haciendo el mejor uso de nuestras cualidades y facultades. Así que éste es un misterio más de nuestra fe, María, madre de Dios, de su hijo y creador, y es que no podemos separar en Jesús, como separaríamos el maíz del frijol, sus dos naturalezas.

Cuando se trata de los misterios divinos, sobra gente que, ensoberbecida neciamente, critica duramente a quienes creen o aceptan este tipo de cosas. Viene luego una pregunta más: si somos capaces de creerle al hombre tantas cosas, ¿por qué no creerle a Dios, sabiduría infinita? ■

VIVIENDO NUESTRA FE

Cuando hablamos de María, es posible que muchas personas afirmen que es una locura afirmar que una mujer como todas las demás hayan llegado a tal altura. Se podrá decir que es imposible y a la vez absurdo. Esas cosas sólo las pueden creer los tontos. Sin embargo, cuando reconocemos que nuestra fe está llena de misterios, es más sensato reconocer nuestras limitaciones intelectuales que querer penetrar dichos misterios. Lo único que nos queda es aceptar esto como parte de la inmensa bondad y misericordia de Dios nuestro, que así lo ha considerado y decidido.

PREGUNTAS PARA REFLEXIONAR

1. ¿Qué piensas de este misterio de la maternidad divina?

2. ¿Alcanzas a descubrir la enorme capacidad de intercesión de María?

3. ¿Cómo anda tu devoción y confianza en la Santísima Virgen?

4. ¿Qué dice la gente acerca de este misterio?

5 DE ENERO DE 2003

PRIMERA LECTURA

Isaías 60:1-6

Levántate y resplandece, Jerusalén, porque ha llegado tu luz y la gloria del Señor alborea sobre ti. Mira: las tinieblas cubren la tierra y espesa niebla envuelve a los pueblos; pero sobre ti resplandece el Señor y en ti se manifiesta su gloria. Caminarán los pueblos a tu luz y los reyes, al resplandor de tu aurora.

Levanta los ojos y mira alrededor: todos se reúnen y vienen a ti; tus hijos llegan de lejos, a tus hijas las traen en brazos. Entonces verás esto radiante de alegría; tu corazón se alegrará, y se ensanchará, cuando se vuelquen sobre ti los tesoros del mar y te traigan las riquezas de los pueblos. Te inundará una multitud de camellos y dromedarios, procedentes de Madián y de Efá. Vendrán todos los de Sabá trayendo incienso y oro y proclamando las alabanzas del Señor.

SEGUNDA LECTURA

Efesios 3:2-3, 5-6

Hermanos: Han oído hablar de la distribución de la gracia de Dios, que se me ha confiado en favor de ustedes. Por revelación se me dio a conocer este misterio, que no había sido manifestado a los hombres en otros tiempos, pero que ha sido revelado ahora por el Espíritu a sus santos apóstoles y profetas: es decir, que por el Evangelio, también los paganos son coherederos de la misma herencia, miembros del mismo cuerpo y partícipes de la misma promesa en Jesucristo.

EVANGELIO

Mateo 2:1-12

Jesús nació en Belén de Judá, en tiempos del rey Herodes. Unos magos de Oriente llegaron entonces a Jerusalén y preguntaron: "¿Dónde está el rey de los judíos que acaba de nacer? Porque vimos surgir su estrella y hemos venido a adorarlo".

Al enterarse de esto, el rey Herodes se sobresaltó y toda Jerusalén con él. Convocó entonces a los sumos sacerdotes y a los escribas del pueblo y les preguntó dónde tenía que nacer el Mesías. Ellos le contestaron: "En Belén de Judá, porque así lo ha escrito el profeta: Y tú, Belén, tierra de Judá, no eres en manera alguna la menor entre las ciudades ilustres de Judá, pues de ti saldrá un jefe, que será el pastor de mi pueblo, Israel".

Entonces Herodes llamó en secreto a los magos, para que le precisaran el tiempo en que se les había aparecido la estrella y los mandó a Belén, diciéndoles: "Vayan a averiguar cuidadosamente qué hay de ese niño, y cuando lo encuentren, avísenme para que yo también vaya a adorarlo".

Después de oír al rey, los magos se pusieron en camino, y de pronto la estrella que habían visto surgir, comenzó a guiarlos, hasta que se detuvo encima de donde estaba el niño. Al ver de nuevo la estrella, se llenaron de inmensa alegría. Entraron en la casa y vieron al niño con María, su madre, y postrándose, lo adoraron. Después, abriendo sus cofres, le ofrecieron regalos: oro, incienso y mirra. Advertidos durante el sueño de que no volvieran a Herodes, regresaron a su tierra por otro camino.

HACE YA dos mil años que Herodes se sobresaltó cuando unos desconocidos le preguntaron dónde estaba el rey de los judíos. Ante esta pregunta, sintió amenazado su reino y no dudó en pedir que todos los varones judíos menores de dos años murieran. Así de cruel, sanguinario e inseguro era Herodes. ¡Qué lástima que no comprendió el nuevo reinado que venía, no sólo para Israel, sino para el mundo entero! Fueron gente que ni siquiera pertenecía a Israel quienes descubrieron en la naturaleza la revelación de un acontecimiento que partiría en dos la historia de la salvación.

Por más que Cristo aclara y define que su reino no es de este mundo, los reinos de la tierra continúan con un temor espantoso a la Iglesia institución y a la Iglesia comunidad, que tiene la misión de hacer presente a Cristo en la tierra. La persecución de los cristianos ha sido permanente, y una de las causas más frecuentes es precisamente ésa, que temen que los cristianos se adueñen del poder. Ciertamente, a la Iglesia no le corresponde ningún tipo de poder, excepto del servicio. La Iglesia debe denunciar todo lo que vaya en contra de la persona, del Reino de Dios presentado por Jesús. La Iglesia no debe estar en ningún poder, pero los cristianos, parte de la comunidad de la Iglesia, deben asumir responsabilidades cívicas y actuar política y socialmente de acuerdo a los valores del Evangelio, no del mercado.

La fuerza y el arrastre de la Palabra de Dios ha provocado en muchos países que la evangelización prenda como incendio y que en poco tiempo mucha gente se adhiera a la nueva religión. Nuevos cristianos y cristianas se comprometen con su bautismo y buscan la implantación del Reino de Dios. El poder de convocatoria de la Iglesia es tan fuerte que no faltan gobiernos que se sienten amenazados y en peligro de perder el poder. Fue así que Egipto esclavizó a Israel; la oligarquía salvadoreña mató catequistas por montones, incluso al mismo arzobispo Oscar A. Romero; es así como los militares mataron a Monseñor Gerardi en Guatemala; es así como los cristianos seguimos preguntando la razón de lo que ha sido la muerte de muchos catequistas, bautizados comprometidos, y también, del caso mexicano, el claro asesinato, con alevosía y ventaja, del cardenal Posadas Ocampo. Ésas son las consecuencias de vivir de acuerdo a los valores del Reino de Dios. ■

VIVIENDO NUESTRA FE

No son pocas las naciones en el mundo donde se sigue persiguiendo a muerte a los católicos y cristianos en general, como si fueran una peste, un peligro o una amenaza a la seguridad nacional. Sin embargo, los católicos deben estar plenamente conscientes de que no son más que seguidores del mismo que murió crucificado, condenado a muerte por difundir su doctrina. Los gobernantes actuales, de la misma manera que Herodes y Pilato, siguen con el miedo de que les quiten el poder y prefieren matar a cuantos signifiquen de alguna manera alguna amenaza a sus poderes.

El católico está llamado a ser el signo visible en este mundo de la defensa de la verdad y la justicia, aun a costa de su propia vida.

PREGUNTAS PARA REFLEXIONAR

1. ¿Qué significa para ti que unos desconocidos lleguen buscando al recién nacido rey de los judíos?
2. ¿Qué piensas de la persecución de los cristianos al inicio del tercer milenio?
3. ¿Qué es lo que temen los gobiernos de los católicos?
4. ¿Qué opinas de una Iglesia que se desconecta de la cuestión social?
5. ¿Qué opinas de una Iglesia que se mete demasiado en los destinos políticos de las naciones?

LECTURAS SEMANALES: 1 Juan 3:22— 4:6; 4:7-10; 4:11-18; 4:19—5:4; 5:5-13; 5:14-21.

PRIMERA LECTURA

Isaías 42:1–4, 6–7

Esto dice el Señor: "Miren a mi siervo, a quien sostengo, a mi elegido, en quien tengo mis complacencias. En él he puesto mi espíritu para que haga brillar la justicia sobre las naciones.

"No gritará, no clamará, no hará oír su voz por las calles; no romperá la caña resquebrajada, ni apagará la mecha que aún humea. Promoverá con firmeza la justicia, no titubeará ni se doblegará hasta haber establecido el derecho sobre la tierra y hasta que las islas escuchen su enseñanza.

"Yo, el Señor, fiel a mi designio de salvación, te llamé, te tomé de la mano, te he formado y te he constituido alianza de un pueblo, luz de las naciones, para que abras los ojos de los ciegos, saques a los cautivos de la prisión y de la mazmorra a los que habitan en tinieblas".

SEGUNDA LECTURA

Hechos 10:34–38

En aquellos días, Pedro se dirigió a Cornelio y a los que estaban en su casa, con estas palabras: "Ahora caigo en la cuenta de que Dios no hace distinción de personas, sino que acepta al que lo teme y practica la justicia, sea de la nación que fuere. Él envió su palabra a los hijos de Israel, para anunciarles la paz por medio de Jesucristo, Señor de todos.

"Ya saben ustedes lo sucedido en toda Judea, que tuvo principio en Galilea, después del bautismo predicado por Juan: cómo Dios ungió con el poder del Espíritu Santo a Jesús de Nazaret y cómo éste pasó haciendo el bien, sanando a todos los oprimidos por el diablo, porque Dios estaba con él".

EVANGELIO

Marcos 1:7–11

En aquel tiempo, Juan predicaba diciendo: "Ya viene detrás de mi uno que es mas poderoso que yo, uno ante quien no merezco ni siquiera inclinarme para desatarle la correa de sus sandalias. Yo los he bautizado a ustedes con agua, pero él los bautizará con el Espíritu Santo".

Por esos días, vino Jesús desde Nazaret de Galilea y fue bautizado por Juan en el Jordán. Al salir Jesús del agua, vio que los cielos se rasgaban y que el Espíritu, en figura de paloma, descendía sobre él. Se oyó entonces una voz del cielo que decía: "Tú eres mi Hijo amado; yo tengo en ti mis complacencias".

EL JESÚS de los Evangelios no habla mucho de su infancia; se refiere de manera general a la presentación en el templo y al diálogo que mantiene con los maestros de la ley en el templo de Jerusalén. De hecho, el Jesús que encontramos en los Evangelios es el Jesús adulto, ocupado en la propagación del Reino de Dios, y poco conocido antes del bautismo que recibe de manos de Juan, su primo. Es en ese momento que Juan lo identifica como el Cordero de Dios y dirige a la gente hacia él, inclusive a sus propios discípulos.

Al momento del bautismo, Juan era una persona con mucha autoridad moral en la comunidad; hasta los escribas y fariseos lo reconocían. Juan es quien lo introduce, y Jesús por su parte no se anuncia, sino que se presenta como una persona más entre las que buscan aclarar plenamente su misión, aunque él la aclara como Hijo de Dios en el momento de su bautismo.

Para Jesús, el bautismo fue una manifestación pública de su identidad. Así lo es para el cristiano: el bautismo es una manifestación pública de quiénes somos. Si el bautismo no es una manifestación pública de nuestra fe, entonces ¿qué es una manifestación pública? Recientemente, cuando se nombró un presidente laico de la Universidad de Georgetown en los Estados Unidos, algunos grupos conservadores estaban "preocupados" por saber si se seguiría la línea católica de la universidad. Reflexioné para mí, y ahora con ustedes, si estos católicos entienden la dimensión social de su bautismo, lo público de nuestro bautismo que es morir al pecado y renacer a la gracia de Dios.

El bautismo de Juan era sólo una invitación a la conversión, al arrepentimiento, pero no tenía ningún poder de perdonar los pecados. El bautismo de Cristo abre las puertas de la salvación y convierte a cada uno de los que lo reciben en hijo e hija de Dios. En el bautismo de Jesús, Dios revela a la humanidad la filiación divina de Cristo, pero es no una filiación adoptiva como la de las demás personas. En Cristo y por el bautismo se nos revela la filiación y la hermandad. ¡Vivamos como tales!

Con su bautismo, Jesús, sin necesitar ningún tipo de purificación, da testimonio de la necesidad de manifestar públicamente nuestra identidad y misión como hijos e hijas de Dios. ■

VIVIENDO NUESTRA FE

El Jordán es aún hoy en día un lugar al que van muchas personas con el afán de bañarse en sus aguas. Muchas denominaciones cristianas llevan a sus fieles a bautizarlos en ese lugar donde el mismo Jesús fue sumergido. Son muchos los fieles que cargan consigo un poco de esta agua en recuerdo de lo que significó para la humanidad y por la fe de encontrar algún bien usándola con el afán de curarse de alguna enfermedad o para pedir perdón a Dios de los pecados. Sin embargo, debemos aprender a morir a cada instante al pecado y resucitar a una vida de gracia y de perdón. Cristo venció al pecado y a la muerte con su pasión y su cruz; los cristianos estamos llamados a seguir a Cristo en su pasión y su muerte para poderlo acompañar en su gloriosa resurrección.

PREGUNTAS PARA REFLEXIONAR

1. ¿Qué relación encuentras entre la vida espiritual y la corporal?
2. Si por el bautismo somos hermanos y hermanas, ¿por qué existe tanta división, aun en la misma comunidad?
3. ¿Por qué no se nota mucho nuestro bautismo fuera de la Misa dominical?
4. ¿De qué forma das a conocer al mundo que eres una persona bautizada?

LECTURAS SEMANALES: 1 Samuel 1:1–8; 1:9–20; 3:1–10, 19–20; 4:1–11; 8:4–7, 10–22a; 9:1–4, 17–19; 10:1a.

INVIERNO DEL TIEMPO ORDINARIO

_S a l m o   1 4 7_

_12–20_

¡Glorifica al Señor, Jerusalén,
y a Dios ríndele honores, oh Sión!

Él afirma las trancas de tus puertas,
y bendice a tus hijos en tu casa.
Él mantiene la paz en tus fronteras,
te da del mejor trigo en abundancia.

Él envía a la tierra su mensaje:
y su palabra corre velozmente.

Él nos manda la nieve como lana
y derrama la escarcha cual ceniza.

Como migajas de pan lanza el granizo,
se congelan las aguas con su frío.
Envía su palabra y se derriten,
sopla su viento y se echan a correr.

A Jacob le mostró su pensamiento,
sus mandatos y juicios a Israel.
No ha hecho cosa igual con ningún pueblo,
ni les ha confiado a otros sus proyectos.

PRIMERA LECTURA

1 Samuel 3:3–10, 19

En aquellos días, el joven Samuel servía en el templo a las órdenes del sacerdote Elí. Una noche, estando Elí acostado en su habitación y Samuel en la suya, dentro del santuario donde se encontraba el arca de Dios, el Señor llamó a Samuel y éste respondió: "Aquí estoy". Fue corriendo a donde estaba Elí y le dijo: "Aquí estoy. ¿Para qué me llamaste?" Respondió Elí: "Yo no te he llamado. Vuelve a acostarte". Samuel se fue a acostar. Volvió el Señor a llamarlo y él se levantó, fue a donde estaba Elí y le dijo: "Aquí estoy. ¿Para qué me llamaste?" Respondió Elí: "No te he llamado, hijo mío. Vuelve a acostarte".

Aún no conocía Samuel al Señor, pues la palabra del Señor no le había sido revelada. Por tercera vez llamó el Señor a Samuel; éste se levantó, fue a donde estaba Elí y le dijo: "Aquí estoy. ¿Para qué me llamaste?"

Entonces comprendió Elí que era el Señor quien llamaba al joven y dijo a Samuel: "Ve a acostarte y si te llama alguien responde: 'Habla, Señor; tu siervo te escucha'". Y Samuel se fue a acostar.

De nuevo el Señor se presentó y lo llamó como antes: "Samuel, Samuel". Este respondió: "Habla, Señor; tu siervo te escucha".

Samuel creció y el Señor estaba con él. Y todo lo que el Señor le decía, se cumplía.

SEGUNDA LECTURA

1 Corintios 6:13–I5, 17–20

Hermanos: El cuerpo no es para fornicar, sino para servir al Señor; y el Señor, para santificar el cuerpo. Dios resucitó al Señor y nos resucitará también a nosotros con su poder.

¿No saben ustedes que sus cuerpos son miembros de Cristo? Y el que se une al Señor, se hace un solo espíritu con él. Huyan, por tanto, de la fornicación. Cualquier otro pecado que cometa una persona, queda fuera de su cuerpo; pero el que fornica, peca contra su propio cuerpo.

¿O es que no saben ustedes que su cuerpo es templo del Espíritu Santo, que han recibido de Dios y habita en ustedes? No son ustedes sus propios dueños, porque Dios los ha comprado a un precio muy caro. Glorifiquen, pues, a Dios con el cuerpo.

EVANGELIO

Juan 1:35–42

En aquel tiempo, estaba Juan el Bautista con dos de sus discípulos, y fijando los ojos en Jesús, que pasaba, dijo: "Éste es el Cordero de Dios". Los dos discípulos, al oír estas palabras, siguieron a Jesús. Él se volvió hacia ellos, y viendo que lo seguían, les preguntó: "¿Qué buscan?" Ellos le contestaron: "¿Dónde vives, Rabí?" (Rabí significa "maestro"). Él les dijo: "Vengan a ver".

Fueron, pues, vieron dónde vivía y se quedaron con él ese día. Eran como las cuatro de la tarde. Andrés, hermano de Simón Pedro, era uno de los dos que oyeron lo que Juan el Bautista decía y siguieron a Jesús. El primero a quien encontró Andrés, fue a su hermano Simón, y le dijo: "Hemos encontrado al Mesías" (que quiere decir "el Ungido"). Lo llevó a donde estaba Jesús y éste fijando en él la mirada, le dijo: "Tú eres Simón, hijo de Juan. Tú te llamarás Kefás" (que significa Pedro, es decir "roca").

¡HAY TANTAS maneras para encontrarse con Cristo! Pero es importante estar alertas y no descuidar ningún detalle, pues a la hora menos pensada puede presentarse el Señor, y hay que saber descubrirlo. Llama la atención ver cómo los discípulos, en cuanto Juan Bautista afirma que Jesús es el Cordero de Dios, no esperan más indicaciones y siguen a Jesús. ¿Qué fue lo que entendieron aquellos discípulos ante las palabras de Juan?

Israel sacrificaba a diario muchos corderos y durante la Pascua corría la sangre como arroyos, porque los sacrificios duraban todo el día. ¿Pero qué diferencia había entre los corderos que sacrificaba Israel y éste, que era nombrado por el mismo Juan como el Cordero de Dios? Todos los corderos sacrificados por el pueblo elegido no eran sino figura del único y verdadero cordero que quita los pecados del mundo.

Juan no es el fin, sino el medio por el cual los discípulos encuentran a Jesús. Es Juan quien presenta al pueblo la persona de Jesús, y gradualmente empieza a desaparecer. Por eso los discípulos lo siguen decididamente, porque encontraron al Mesías. Lo reconocen con la primera palabra que le dirigen: "maestro". Si Juan, a quien consideraban un hombre de Dios, había hablado así de Jesús. Ellos no tienen problema en dejar a Juan y aceptar a Jesús; de ahí viene la pregunta, ¿dónde vives? Por el contexto del Evangelio, nos damos cuenta de que no estaban interesados solo en aprender su doctrina, sino en ser sus discípulos; querían compartir su vida y no sólo sus enseñanzas. Después de la afirmación "maestro", viene la interacción: "¿Dónde vives?".

Jesús no lo revela; los invita a acompañarlo y ese mismo día se quedan con él. Se crea una relación; hay que crear el campo de confianza y la misión que tiene Jesús. Tal encuentro debió haber sido decisivo, pues Andrés dice a su hermano Pedro: "Hemos encontrado al Mesías".

Ni Pedro, ni Andrés ni los demás discípulos imaginaron que este encuentro con Jesús cambiaría para siempre su vida. Hay algo que nos impulsa a quedarnos con él, a que él se quede con nosotros; pero este fuego, el Espíritu que se anida en nosotros; exige que lo saquemos fuera, que lo llevemos, que seamos testimonio de la experiencia de vivir con Jesús para que, por nuestro testimonio auténtico, la gente descubra un lugar más donde puede encontrar a Jesús. La pregunta es si estamos listos para encontrarlo. ∎

VIVIENDO NUESTRA FE

Cristo no se tocó el corazón para decirles raza de víboras, sepulcros blanqueados, hipócritas; pero todos conocemos el resultado: terminó en la cruz como el gran malhechor, mientras sus enemigos se burlaban y reían de él. Lo mismo sucede ahora. Quienes se atreven a exigir justicia terminan condenados a prisión, mientras los verdaderos asesinos y delincuentes se ríen a carcajadas en medio de una impunidad odiosa, sin que nadie los pueda tocar, porque tienen amenazadas y sobornadas las instituciones de justicia.

PREGUNTAS PARA REFLEXIONAR

1. ¿Alguna vez has escuchado la voz de alguien que te invita a seguir a Jesús?

2. ¿Qué significa para ti el pasar una semana con Cristo?

3. ¿Cómo pueden ser un testimonio del seguimiento de Cristo quienes están casados?

4. ¿Cómo puedes dar testimonio del seguimiento de Cristo en tu familia y trabajo?

LECTURAS SEMANALES: Hebreos 5:1–10; 6:10–20; 7:1–13, 15–17; 7:25—8:6; 8:6–13; Hechos 22:3–16 (ó 9:1–22).

26 DE ENERO DE 2003

Jonás 3:1–5, 10

En aquellos días, el Señor volvió a hablar a Jonás y le dijo: "Levántate y vete a Nínive, la gran capital, para anunciar ahí el mensaje que te voy a indicar".

Se levantó Jonás y se fue a Nínive, como le había mandado el Señor. Nínive era una ciudad enorme: hacían falta tres días para recorrerla. Jonás caminó por la ciudad durante un día, pregonando: "Dentro de cuarenta días Nínive será destruida".

Los ninivitas creyeron en Dios, ordenaron un ayuno y se vistieron de sayal, grandes y pequeños. Cuando Dios vio sus obras y cómo se convertían de su mala vida, cambió de parecer y no les mandó el castigo que había determinado imponerles.

SEGUNDA LECTURA

1 Corintios 7:29–31

Hermanos: Les quiero decir una cosa: la vida es corta. Por tanto, conviene que los casados vivan como si no lo estuvieran; los que sufren, como si no sufrieran; los que están alegres, como si no se alegraran; los que compran, como si no compraran; los que disfrutan del mundo, como si no disfrutaran de él; porque este mundo que vemos es pasajero.

EVANGELIO

Marcos 1:14–20

Después de que arrestaron a Juan el Bautista, Jesús se fue a Galilea para predicar el Evangelio de Dios y decía: "Se ha cumplido el tiempo y el Reino de Dios ya está cerca. Arrepiéntanse y crean en el Evangelio".

Caminaba Jesús por la orilla del lago de Galilea, cuando vio a Simón y a su hermano, Andrés, echando las redes en el lago, pues eran pescadores. Jesús les dijo: "Síganme y haré de ustedes pescadores de hombres". Inmediatamente dejaron las redes y lo siguieron.

Un poco más adelante, vio a Santiago y a Juan, hijos de Zebedeo, que estaban en una barca, remendando sus redes. Los llamó, y ellos, dejando en la barca a su padre con los trabajadores, se fueron con Jesús.

DICE EL libro de la Sabiduría que hay un tiempo para cada cosa; el secreto está en saber respetar y aprovechar los tiempos. El campesino sabe perfectamente cuándo es el tiempo de la siembra, cuándo se debe poner el herbicida, cuándo se abona la tierra y cuándo debe cosecharse. El comerciante sabe dónde abrir un negocio y qué vender en él. El empresario sabe dónde hacer una inversión, porque ha hecho estudios de mercado y conoce que hay mano de obra suficiente para lo que desea llevar a cabo. El periodista sabe con quién y en qué momento puede encontrar la noticia buscada. Sin embargo, nos interesa reconocer que el tiempo de la salvación se cumple con la venida de Cristo.

El Mesías tanto tiempo esperado ya está en medio de su pueblo y ésta es la oportunidad que jamás volverá a presentarse. Las máximas facilidades para encontrar la salvación están ahora al alcance de cuantos las sepan aprovechar. Los milagros, las grandes señales y los prodigios se multiplicarán de forma extraordinaria para facilitar el seguimiento de Jesús.

Juan Bautista ya venía preparando y motivando a la gente para integrarse al nuevo Reino traído por Jesús. El requisito para ser aceptados en ese nuevo Reino era el arrepentimiento de los pecados y creer en la Buena Nueva que sería proclamada. Ese nuevo Reino ya no estaría conformado con personas de una misma raza, lengua, pueblo o nación, sino que podrían pertenecer a él cuantos en espíritu y verdad quisieran integrarse. En definitiva, el nuevo Reino es universal.

El domingo anterior, Marcos nos presenta la prontitud de Andrés en seguir a Jesús y comunicar esta experiencia a los demás. Pero es Jesús quien los ha elegido; ellos han respondido al plan que Dios tenía para ellos. Por ese llamado, Jesús espera fruto; será exigente con ellos. No espera mitades o gente mediocre; espera que den lo mejor de sí. Sin embargo, es sorprendente el cambio tan repentino en los primeros discípulos, dado que apenas habían conocido a Jesús, aquel hombre de tez morena.

Normalmente sólo los grandes amigos son capaces de hacer que sus amigos dejen su mundo por seguirlos a ellos. Jesucristo deja perfectamente claro que es él quien escoge al equipo, porque en otras páginas evangélicas veremos que Jesús rechaza a algunos que se ofrecen a seguirlo. No les da cabida en el equipo, pero sí les pide que sean testimonio de lo que han visto y oído. Lo mismo pide de nosotros. ∎

VIVIENDO NUESTRA FE

Hace dos mil años que el Reino de Dios se extiende por toda la tierra. Sin embargo, debemos ser conscientes de la necesidad de ser ciudadanos de ese Reino. Nos exige una renuncia al pecado y todas sus manifestaciones. Es indispensable que allí en nuestro medio contagiemos a las demás personas para convencerlas a formar parte de este Reino, con la palabra y el testimonio, sin olvidar que la autenticidad de vida tendrá más fuerza que cualquiera de nuestras palabras.

PREGUNTAS PARA REFLEXIONAR

1. ¿Te da vergüenza hablar de Dios a las personas con quienes compartes tu vida?

2. ¿Te gustaría entregar tu vida al servicio del Evangelio?

3. ¿Has sentido alguna vez el llamado de Dios a servirle de por vida?

4. ¿En qué forma es posible servir a Cristo en el mundo de nuestro tiempo?

LECTURAS SEMANALES: Hebreos 9:15, 24-28; 10:1-10; 10:11-18; 10:19-25; 10:32-39; 11:1-2, 8-19.

PRIMERA LECTURA

Malaquías 3:1–4

Esto dice el Señor: "He aquí que yo envío a mi mensajero. Él preparará el camino delante de mí. De improviso entrará en el santuario el Señor, a quien ustedes buscan, el mensajero de la alianza a quien ustedes desean. Miren: Ya va entrando, dice el Señor de los ejércitos.

¿Quién podrá soportar el día de su venida? ¿Quién quedará en pie cuando aparezca? Será como el fuego de fundición, como la lejía de los lavanderos. Se sentará como un fundidor que refina la plata; como a la plata y al oro, refinará a los hijos de Leví y así podrán ellos ofrecer, como es debido, las ofrendas al Señor. Entonces agradará al Señor la ofrenda de Judá y de Jerusalén, como en los días pasados, como en los años antiguos".

SEGUNDA LECTURA

Hebreos 2:14–18

EVANGELIO

Lucas 2:22–40

Transcurrido el tiempo de la purificación de María, según la ley de Moisés, ella y José llevaron al niño a Jerusalén para presentarlo al Señor, de acuerdo con lo escrito en la ley: Todo primogénito varón será consagrado al Señor, y también para ofrecer, como dice la ley, un par de tórtolas o dos pichones.

Vivía en Jerusalén un hombre llamado Simeón, varón justo y temeroso de Dios, que aguardaba el consuelo de Israel; en él moraba el Espíritu Santo, el cual le había revelado que no moriría sin haber visto antes al Mesías del Señor. Movido por el Espíritu, fue al templo, y cuando José y María entraban con el niño Jesús para cumplir con lo prescrito por la ley, Simeón lo tomó en brazos y bendijo a Dios, diciendo: "Señor, ya puedes dejar morir en paz a tu siervo, según lo que me habías prometido, porque mis ojos han visto a tu Salvador, al que has preparado para bien de todos los pueblos; luz que alumbra a las naciones y gloria de tu pueblo, Israel".

El padre y la madre del niño estaban admirados de semejantes palabras. Simeón los bendijo, y a María, la madre de Jesús, le anunció: "Este niño ha sido puesto para ruina y resurgimiento de muchos en Israel, como signo que provocará contradicción, para que se queden al descubierto los pensamientos de todos los corazones. Y a ti, una espada te atravesará el alma".

Había también una profetisa. Ana, hija de Fanuel, de la tribu de Aser. Era una mujer muy anciana. De joven, había vivido siete años casada, y tenía ya ochenta y cuatro años de edad. No se apartaba del templo ni de día ni de noche, sirviendo a Dios con ayunos y oraciones. Ana se acercó en aquel momento dando gracias a Dios y hablando del niño a todos los que aguardaban la liberación de Israel.

Y cuando cumplieron todo lo que prescribía la ley del Señor, se volvieron a Galilea, a su ciudad de Nazaret. El niño iba creciendo y fortaleciéndose, se llenaba de sabiduría y la gracia de Dios estaba con él.

EN NUESTRO mundo es muy frecuente que las personas que van escalando los peldaños de la fama, el poder o el dinero inicien una carrera hacia la conquista de privilegios y honores. Buscan evadir los compromisos comunes y presumen ante la sociedad de que ya son gente importante.

Los empleados de los gobiernos, en todos sus niveles, viven sometidos a duras disciplinas y exigencias muchas veces caprichosas (además de antihumanas) por parte de sus jefes, pues las personas que van recibiendo el más mínimo cargo ya se creen dueñas de sus colaboradores y quieren abusar de ellos como si fueran sus propios esclavos. No respetan su dignidad humana ni los tratan como a personas; los ofenden y maltratan por cosas insignificantes.

El ejemplo que José y María nos ofrecen, al ir al templo a cumplir con una de las normas de la gente de su pueblo, es admirable; con toda sencillez y llenos de humildad, van a presentar a su hijo al templo como lo mandaba la ley de Moisés para manifestar ante Dios su profunda gratitud por haberles concedido a su primogénito, recordando el exterminio de los primogénitos egipcios el día que el pueblo de Israel emprendió el camino hacia la libertad.

María y José se quedan admirados ante Simeón y Ana. Pero, al correr el tiempo, irán penetrando poco a poco cada uno de los misterios existentes en torno al niño. Ana, por su parte, bendice a Dios y sabe que su plan se realizará. Presenta a María la difícil tarea que tendrá en la redención: por el dolor compartido con Jesucristo, será corredentora.

Dios camina por este mundo, hundido en la profundidad de las tinieblas, pero concede a un número reducido de sus seguidores el contemplar y ser conscientes de la realización de sus planes. Hay personas en este mundo que, por su gran fe, profundizan de manera extraordinaria en algunos misterios, que para la inmensa mayoría de nosotros pasan desapercibidos.

Terminada la presentación del niño, los padres regresaron a su tierra. Lo importante del momento era poner en claro que los padres del niño eran personas religiosas cumplidoras de los mandatos de su pueblo, dejando una constancia clara de que no vienen a exigir privilegios y a sacar ventajas egoístas por las encomiendas que han recibido de Dios. Su única riqueza es el hijo que tienen en medio de ellos. ∎

VIVIENDO NUESTRA FE

Hay personas que por cosas insignificantes se inflan al instante y exigen trato de reyes o reinas, ganándose desde luego el reproche y repudio universal. ¡Qué difícil es reconocer que en este mundo no hay mayor dignidad que la de ser hijos e hijas de Dios! Cuando una persona toma conciencia de esto y se esfuerza por vivirlo, se terminan muchos problemas, porque entonces nos vemos unos a otros en igualdad de dignidad, ni nos sentimos más ni menos que los demás. Antes bien, tratamos de formar una fraternidad en la que no sea ni el dinero ni la fama el criterio que la defina.

PREGUNTAS PARA REFLEXIONAR

1. ¿Qué te parece la actitud de Ana y Simeón?

2. ¿Por qué Dios llevará a cabo sus obras de manera tan discreta?

3. ¿Qué enseñanzas te deja este acontecimiento de la presentación del Señor?

4. ¿Cómo celebra tu tradición la fiesta de la Candelaria?

LECTURAS SEMANALES: Hebreos 11:32–40; 12:1–4; 12:4–7, 11–15; 12:18–19, 21–24; 13:1–8; 13:15–17, 20–21.

9 DE FEBRERO DE 2003

PRIMERA LECTURA

Job 7:1-4, 6-7

En aquel día, Job tomó la palabra y dijo: "La vida del hombre en la tierra es vida de soldado y sus días, como días de un jornalero. Como el esclavo suspira en vano por la sombra y el jornalero se queda aguardando su salario, así me han tocado en suerte meses de infortunio y se me han asignado noches de dolor. Al acostarme, pienso: '¿Cuándo será de día?' La noche se alarga y me canso de dar vueltas hasta que amanece.

"Mis días corren más aprisa que una lanzadera y se consumen sin esperanza. Recuerda, Señor, que mi vida es un soplo. Mis ojos no volverán a ver la dicha".

SEGUNDA LECTURA

1 Corintios 9:16-19, 22-23

Hermanos: No tengo por qué presumir de predicar el Evangelio, puesto que ésa es mi obligación. ¡Ay de mí, si no anuncio el Evangelio! Si yo lo hiciera por propia iniciativa, merecería recompensa; pero si no, es que se me ha confiado una misión. Entonces, ¿en qué consiste mi recompensa? Consiste en predicar el Evangelio gratis, renunciando al derecho que tengo a vivir de la predicación.

Aunque no estoy sujeto a nadie, me he convertido en esclavo de todos, para ganarlos a todos. Con los débiles me hice débil, para ganar a los débiles. Me he hecho todo a todos, a fin de ganarlos a todos. Todo lo hago por el Evangelio, para participar yo también de sus bienes.

EVANGELIO

Marcos 1:29-39

En aquel tiempo, al salir Jesús de la sinagoga, fue con Santiago y Juan a casa de Simón y Andrés. La suegra de Simón estaba en cama, con fiebre, y enseguida le avisaron a Jesús. Él se le acercó, y tomándola de la mano, la levantó. En ese momento se le quitó la fiebre y se puso a servirles.

Al atardecer, cuando el sol se ponía, le llevaron a todos los enfermos y poseídos del demonio, y todo el pueblo se apiñó junto a la puerta. Curó a muchos enfermos de diversos males y expulsó a muchos demonios, pero no dejó que los demonios hablaran, porque sabían quién era él.

De madrugada, cuando todavía estaba muy oscuro, Jesús se levantó, salió y se fue a un lugar solitario, donde se puso a orar. Simón y sus compañeros lo fueron a buscar, y al encontrarlo, le dijeron: "Todos te andan buscando". Él les dijo: "Vamos a los pueblos cercanos para predicar también allá el Evangelio, pues para eso he venido". Y recorrió toda Galilea, predicando en las sinagogas y expulsando a los demonios.

LA CIENCIA médica está demasiado aventajada. Hoy en día, se curan infinidad de enfermedades que anteriormente eran mortales. Se realizan operaciones quirúrgicas con tal maestría y éxito que frecuentemente nos parecen verdaderos milagros, pues en la situación en que llegan los enfermos nadie se atreve a pensar que puedan seguir viviendo. Hay operaciones del corazón, del cerebro, cánceres incurables y muchas otras cosas más. Sin embargo, tenemos que reconocer que a lo máximo que pueden llegar los médicos es a retardar un poco la muerte o a tener un poco más de calidad de vida en el tiempo que duremos en morir, pues nadie se ha librado de la muerte, ni siquiera el mismo Hijo de Dios.

Pero la salud sigue siendo después de la vida uno de los más grandes valores para el ser humano. Es muy frecuente escuchar a las personas decir: "Mientras haya salud, se pueden hacer muchas cosas". Normalmente la inmensa mayoría de las personas tiene gran aprecio por su salud. En cuanto alguien se enferma por la razón que sea, de inmediato busca el médico y si por algo ese médico no atina a darle su salud, va con otro y con otro hasta que encuentra a alguien que consigue aliviarlo.

Al momento en que Cristo empieza a curar enfermos, a dondequiera que iba le salían al encuentro, mientras que otros se pasaban días buscándolo hasta que daban con él. Unos le salían al camino, otros a gritos entre la multitud le pedían que los curara, muchos más eran llevados por familiares o amigos, esperando conseguir su salud.

Los seres humanos, por más que sabemos perfectamente que vamos a morir en cuanto contraemos cualquier enfermedad, de inmediato nos damos a la tarea de buscar quien nos recobre la salud. Si por algo los médicos no logran curarnos, buscamos por el camino de los milagros; visitamos a las imágenes más milagrosas que conocemos, les ofrecemos mandas y nos comprometemos a hacer cosas que a veces parecen hasta imposibles, pero todo con el afán de alcanzar nuestra salud o la de algún ser querido.

Al curar a los enfermos, Cristo frecuentemente relacionaba mucho la enfermedad del cuerpo con la enfermedad del alma. Al curarlos, les decía: "Vete y no peques más, no te vaya a pasar algo peor". Junto con la curación del cuerpo siempre curaba el alma.

Cristo no sólo nos sana de la enfermedad física, sino también del pecado. ■

VIVIENDO NUESTRA FE

Si los seres humanos cuidáramos la salud de nuestras almas como cuidamos la de nuestros cuerpos, qué pocos viviríamos en pecado mortal. La salud de nuestros cuerpos es tan importante que cualquier persona, en cuanto se da cuenta de que es víctima de cualquier enfermedad, de inmediato busca la salud de acuerdo a los recursos con que cuenta. Además, incluso durante años, sigue buscando la salud, no obstante que la vida humana es tan corta y que además muchas veces no es del todo agradable. ¿Por qué no interesarnos en la salud de nuestras almas, sabiendo que de ello depende nuestra eterna felicidad o desgracia eterna?

PREGUNTAS PARA REFLEXIONAR

1. ¿Qué diferencia hay entre perdonar los pecados y expulsar demonios?

2. ¿Qué piensas acerca de los milagros de Cristo? ¿Aun existen?

3. ¿Qué enfoque les dio Cristo a sus milagros?

4. ¿Cómo manifiestas tu preocupación por los pobres y los enfermos?

LECTURAS SEMANALES: Génesis 1:1-19; 1:20—2:4a; 2:4b-9, 15-17; 2:18-25; 3:1-8; 3:9-24.

16 DE FEBRERO DE 2003

PRIMERA LECTURA

Levítico 13:1-2, 44-46

El Señor dijo a Moisés y a Aarón: "Cuando alguno tenga en su carne una o varias manchas escamosas o una mancha blanca y brillante, síntomas de la lepra, será llevado ante el sacerdote Aarón o ante cualquiera de sus hijos sacerdotes. Se trata de un leproso, y el sacerdote lo declarará impuro. El que haya sido declarado enfermo de lepra, traerá la ropa descosida, la cabeza descubierta, se cubrirá la boca e irá gritando: '¡Estoy contaminado! ¡Soy impuro!' Mientras le dure la lepra, seguirá impuro y vivirá solo, fuera del campamento".

SEGUNDA LECTURA

1 Corintios 10:31—11:1

Hermanos: Todo lo que hagan ustedes, sea comer, o beber, o cualquier otra cosa, háganlo todo para gloria de Dios. No den motivo de escándalo ni a los judíos, ni a los paganos, ni a la comunidad cristiana. Por mi parte, yo procuro dar gusto a todos en todo, sin buscar mi propio interés, sino el de los demás, para que se salven. Sean, pues, imitadores míos, como yo lo soy de Cristo.

EVANGELIO

Marcos 1:40-45

En aquel tiempo, se le acercó a Jesús un leproso para suplicarle de rodillas: "Si tú quieres, puedes curarme". Jesús se compadeció de él, y extendiendo la mano, lo tocó y le dijo: "¡Sí quiero: Sana!" Inmediatamente se le quitó la lepra y quedó limpio.

Al despedirlo, Jesús le mandó con severidad: "No se lo cuentes a nadie; pero para que conste, ve a presentarte al sacerdote y ofrece por tu purificación lo prescrito por Moisés".

Pero aquel hombre comenzó a divulgar tanto el hecho, que Jesús no podía ya entrar abiertamente en la ciudad, sino que se quedaba fuera, en lugares solitarios, a donde acudían a él de todas partes.

EN ESTE Evangelio encontramos dos personajes centrales: Jesús y el leproso. Impresiona la manera tan simple y sencilla en que Marcos narra este milagro. A diferencia de otros milagros, donde la multitud está expectante o los discípulos colaboran o se interponen, en esta ocasión el evangelista no se ocupa del contorno. El diálogo se da de forma directa y sin interferencias, como debería darse ahora con las autoridades de cualquier institución, incluyendo la misma Iglesia.

Con una actitud humilde, hace una súplica muy importante para él: "Si quieres puedes curarme". En esas palabras encierra la claridad y profundidad de su fe. De inmediato notamos que conocía a Jesús y sabía de lo que era capaz, pero se da cuenta a la vez de que todo es gracia, que no puede exigir nada, que todo es regalo, don gratuito de Dios. A la vez, también es consciente de que allí es donde puede conseguir lo que busca; sabe que la lepra no tiene curación y que humanamente está perdido, pero alcanza a darse cuenta de que, con un poco de suerte, puede alcanzar algo que pudiera parecer imposible.

Lo sorprendente es la manera tan rápida y eficaz con que reacciona el Señor. En unas cuantas frases, Marcos narra algo verdaderamente profundo, que hasta los mismos seguidores de Jesús debieron haber contemplado con increíble admiración. Cristo se compadece de aquel hombre, lo toca y le dice: "Sí quiero, sana". Es casi ordinario que alguien siempre pide algo, tiene que suplicar, repite su petición y espera a veces horas, a veces días y en ocasiones toda una vida. Basta citar a los campesinos chiapanecos que, después de toda una vida de injusticias hacia ellos, su cultura y su propia identidad, siguen esperando justicia.

En otras ocasiones Jesús parece ser demasiado lento, incluso parece no escuchar. Va contra todo tipo de triunfalismo y no sólo parece no escuchar, sino que decididamente no obra milagros, como con sus paisanos que creían conocerlo. ¿De qué forma nos desafía el silencio aparente de Jesús? Ante las constantes peticiones de las personas que piden justicia, ¿qué debemos hacer nosotros? ¿No será que Jesús quiere responder a tales necesidades por medio de nosotros?

Ahora, ¿quiénes son los leprosos de nuestro tiempo? ¿Quiénes son las personas cuya identidad no sólo la ha borrado el estado sino que continuamente la ignora? ∎

VIVIENDO NUESTRA FE

Vivimos tiempos en que muchas personas quieren alcanzar algún favor por el hecho mismo de tocar las imágenes, el sacerdote o la custodia dentro de las procesiones eucarísticas. Como si por arte de magia la persona que tenga la oportunidad de tocar estos signos pudiera recibir lo que pide. Es importante hacer notar que estas cosas no hay que buscarlas de forma mágica; lo que sí alcanza estos favores del Señor es la fe de la gente, aun cuando una persona no tenga la más mínima oportunidad de tocar los signos. Si su fe es lo suficientemente grande, alcanzará seguramente lo que pide.

PREGUNTAS PARA REFLEXIONAR

1. ¿Cuál es tu actitud ante quienes te piden que corrijas tus errores?

2. ¿Qué es lo que más llama tu atención de este texto? ¿Por qué?

3. ¿Qué descubres en la respuesta de Cristo?

4. ¿Por qué razón Cristo pide que el ex leproso se presente ante los sacerdotes?

LECTURAS SEMANALES: Génesis 4:1-15, 25; 6:5-8; 7:1-5, 10; 8:6-13, 20-22; 9:1-13; 11:1-9; 1 Pedro 5:1-4.

23 DE FEBRERO DE 2003

PRIMERA LECTURA

Isaías 43:18–19, 21–22, 24–25

Esto dice el Señor: "No recuerden lo pasado ni piensen en lo antiguo; yo voy a realizar algo nuevo. Ya está brotando. ¿No lo notan? Voy a abrir caminos en el desierto y haré que corran los ríos en la tierra árida. Entonces el pueblo que me he formado proclamará mis alabanzas. Pero tú, Jacob, no me has invocado; no te has esforzado por servirme, Israel, sino que pusiste sobre mí la carga de tus pecados y me cansaste con tus iniquidades. Si he borrado tus crímenes y no he querido acordarme de tus pecados, ha sido únicamente por amor de mí mismo".

SEGUNDA LECTURA

2 Corintios 1:18–22

Hermanos: Dios es testigo de que la palabra que les dirigimos a ustedes no fue primero "sí" y luego "no". Cristo Jesús, el Hijo de Dios, a quien Silvano, Timoteo y yo les hemos anunciado, no fue primero "sí" y luego "no". Todo él es un "sí". En él, todas las promesas han pasado a ser realidad. Por él podemos responder "Amén" a Dios, quien a todos nosotros nos ha dado fortaleza en Cristo y nos ha consagrado. Nos ha marcado con su sello y ha puesto el Espíritu Santo en nuestro corazón, como garantía de lo que vamos a recibir.

EVANGELIO

Marcos 2:1–12

Cuando Jesús volvió a Cafarnaúm, corrió la voz de que estaba en casa, y muy pronto se aglomeró tanta gente, que ya no había sitio frente a la puerta. Mientras él enseñaba su doctrina, le quisieron presentar a un paralítico, que iban cargando entre cuatro. Pero como no podían acercarse a Jesús por la cantidad de gente, quitaron parte del techo, encima de donde estaba Jesús, y por el agujero bajaron al enfermo en una camilla.

Viendo Jesús la fe de aquellos hombres, le dijo al paralítico: "Hijo, tus pecados te quedan perdonados". Algunos escribas que estaban ahí sentados comenzaron a pensar: "¿Por qué habla ése así? Eso es una blasfemia. ¿Quién puede perdonar los pecados sino sólo Dios?"

Conociendo Jesús lo que estaban pensando, les dijo: "¿Por qué piensan así? ¿Qué es más fácil, decirle al paralítico: 'Tus pecados te son perdonados' o decirle: 'Levántate, recoge tu camilla y vete a tu casa'? Pues para que sepan que el Hijo del hombre tiene poder en la tierra para perdonar los pecados"—le dijo al paralítico—"Yo te lo mando: levántate, recoge tu camilla y vete a tu casa".

El hombre se levantó inmediatamente, recogió su camilla y salió de allí a la vista de todos, que se quedaron atónitos y daban gloria a Dios, diciendo: "¡Nunca habíamos visto cosa igual!"

CUANDO Cristo viene al mundo tiene las puertas cerradas para dar a conocer su verdadera identidad como Hijo Natural de Dios, porque los israelitas tenían absolutamente prohibido adorar a cualquier otro Dios. Quien se atrevía a hacerlo era condenado a muerte por blasfemo, así que Cristo no podía decir abiertamente quién era él; por eso, tuvo que inventar formas y maneras distintas de demostrarles su divinidad, pidiendo que le creyeran por sus obras. En una ocasión tuvo la necesidad de defenderse ante las amenazas de muerte y preguntaba: "¿Por cuál de las obras buenas que he hecho me quieren matar?" Ellos le respondieron: "No te queremos matar por ninguna de tus buenas obras, sino porque siendo hombre te haces llamar Dios".

En el Evangelio de hoy, nos encontramos con uno de los momentos más críticos para el Señor. Los judíos tenían como un criterio tradicional el pensar que los males físicos eran a causa de los pecados; por lo tanto, curar a una persona de sus enfermedades era lo mismo que perdonarle los pecados, y Cristo lo entendía perfectamente. De hecho, así lo hacía: perdonaba los pecados y luego sanaba la enfermedad. Aunque en ocasiones se dan al mismo tiempo, en otras (narradas por Juan) no hay sanación física, sino espiritual (la samaritana).

Para las autoridades religiosas, el hecho de que Jesús perdonara los pecados podía interpretarse como un reto y un desafío a la ley de Moisés. Eso era precisamente lo que buscaban para llevarlo a juicio. Además, Jesús los llamaba por lo que eran: hipócritas y mentirosos. Así que en la actitud de Jesús encontrarán su argumento más fuerte para luego llevarlo a la cruz.

Para Jesús fue todo lo contrario. Públicamente demostró que decía la verdad y que tenía poder para perdonar los pecados, pues ante las protestas de los escribas y las muestras de inconformidad, no tiene miedo ni rectifica sus palabras; antes bien las confirma y comprueba. ¿Por qué se molestan cuando habla de perdonar los pecados? ¿Qué es más fácil? Para Jesús ambas cosas son igualmente posibles.

Sin embargo, en lugar de convencer el corazón de los escribas y fariseos, los enardecía más y crecía en ellos el deseo de venganza, esperando el momento para acabar con Jesús. La divinidad de Cristo quedaba demostrada con las obras. Sólo Dios puede hacer ambas cosas. ∎

VIVIENDO NUESTRA FE

El sacerdote es un hombre solamente; sin embargo, tiene la facultad de perdonar los pecados en el mundo, porque el mismo Cristo quiso compartirle sus poderes y porque ha querido que sean hombres los que sirvan de mediadores entre la divinidad y la humanidad. Cristo es el único verdadero y eterno sacerdote del Altísimo, mediador entre Dios y nosotros; en una sola persona están unidas las dos naturalezas, de tal suerte que no hay nadie como él para unir la humanidad con Dios, pues él comparte las dos realidades, humana y divina. Fue voluntad de Dios elegir a personas con limitaciones para que administraran su gracia en favor de los demás, y es en su nombre que los sacerdotes perdonan nuestros pecados.

PREGUNTAS PARA REFLEXIONAR

1. ¿Confesión o reconciliación? ¿Cuál de los dos términos te parece más apropiado? ¿Por qué?

2. ¿Qué piensas acerca de la facultad sacerdotal de perdonar los pecados en nombre de Dios?

3. ¿Cuál crees que debe ser el fruto del sacramento de la reconciliación?

LECTURAS SEMANALES: Sirácida 1:1–10; 2:1–11; 4:11–19; 5:1–8; 6:5–17.

2 DE MARZO DE 2003

PRIMERA LECTURA

Oseas 2:16b, 17b, 21-22

Esto dice el Señor: "Yo conduciré a Israel, mi esposa infiel, al desierto y le hablaré al corazón. Ella me responderá allá, como cuando era joven, como el día en que salió de Egipto. Israel, yo te desposaré conmigo para siempre. Nos uniremos en la justicia y la rectitud, en el amor constante y la ternura; yo te desposaré en la fidelidad, y entonces tú conocerás al Señor".

SEGUNDA LECTURA

1 Corintios 3:1-6

Hermanos: ¿Acaso necesito yo, como algunos, presentarles o pedirles cartas de recomendación? Ustedes son mi carta de recomendación, escrita en mi corazón y que todos pueden reconocer y leer. Porque es manifiesto que ustedes son una carta de Cristo, redactada por mí y escrita, no con tinta, sino con el Espíritu del Dios vivo; no en tablas de piedra, sino en corazones de carne.

Cristo es quien me da esta seguridad ante Dios. No es que yo quiera atribuirme algo como propio, sino que mi capacidad viene de Dios, el cual me ha hecho servidor competente de una nueva alianza, basada no en la letra, sino en el Espíritu; porque la letra mata, pero el Espíritu da vida.

EVANGELIO

Marcos 2:18-22

En una ocasión, en que los discípulos de Juan el Bautista y los fariseos ayunaban, algunos de ellos se acercaron a Jesús y le preguntaron: "¿Por qué los discípulos de Juan y los discípulos de los fariseos ayunan, y los tuyos no?"

Jesús les contestó: "¿Cómo van a ayunar los invitados a una boda, mientras el novio está con ellos? Mientras está con ellos el novio, no pueden ayunar. Pero llegará el día en que el novio les será quitado y entonces sí ayunarán.

"Nadie le pone un parche de tela nueva a un vestido viejo, porque el remiendo encoge y rompe la tela vieja y se hace peor la rotura. Nadie echa vino nuevo en odres viejos, porque el vino rompe los odres, se perdería el vino y se echarían a perder los odres. A vino nuevo, odres nuevos".

CRISTO VA dejando claro de forma casi imperceptible que su doctrina no es una simple continuación de la anterior, sino que nos viene a ofrecer algo nuevo y distinto. A toda costa los fariseos buscaban que Jesús fuera un discípulo fiel y sumiso a las tradiciones de sus mayores. Sin embargo, Jesús viene a dar cabal cumplimiento a la ley, pero a la vez a combatir a muerte muchas de las tradiciones que no eran ya mandatos de Dios sino invento humano. De manera especial, no soportaba la hipocresía y la mentira; le importaba purificar las intenciones de los hombres, para que no hicieran las cosas por quedar bien agradando a la gente, sino que sus intenciones primeras y más profundas buscaran agradar a Dios.

Ante la inconformidad de los fariseos porque los discípulos de Jesús no ayunaban, Jesús aprovecha para decirles sin que se lo pregunten que va de paso y pronto los tendrá que dejar. En otra página del Evangelio, explica claramente que el ayuno consiste en guardar silencio y no en andar presumiendo a los cuatro vientos la supuesta fidelidad a la ley de Moisés, que al final era "mucho ruido y pocas nueces". En otras palabras, siempre que hagas una obra buena, guarda silencio y no la andes pregonando por las calles, porque entonces no tendrás recompensa.

Hoy podemos aprender la importancia de una recta intención. Las obras, por más grandes que sean, si no van acompañadas de una recta intención, carecerán por completo de mérito ante Dios. Si se trata de personas que hacen las cosas por quedar bien, por ganarse el aplauso de la gente por bondadosas o generosas, con fines políticos o intereses institucionales, entonces no dejan de ser obras buenas, pero la recompensa se consigue en esta vida, por el prestigio, por la ganancia política o por conseguir adeptos de algún tipo de causa. Pero si no se hacen por amor a Dios y con el afán de obrar en caridad para los hermanos necesitados, la persona podrá lograr toda la gloria humana que pueda alcanzar, pero se quedará sin recompensa alguna ante el Señor.

En la parte final del Evangelio, Jesús nos habla de un vestido y vino nuevos. No se trata de un simple parche; se trata de una doctrina que requiere nuevos moldes para que pueda funcionar. Es un vino nuevo que requiere de odres nuevos para su añejamiento. ∎

VIVIENDO NUESTRA FE

Para algunas personas, cuando se les habla de ayuno, mortificación y penitencia, piensan de inmediato que esos tiempos ya han sido superados, que ahora tenemos que ser modernos, dinámicos y activos, que nos olvidemos ya de los sufrimientos necios y absurdos, que nos pongamos a trabajar intensamente en la pastoral y que ésa es la mejor oración y el mejor sacrificio. Sin embargo, lo que no entienden es que toda acción pastoral, para que sea fecundada por el Señor, tiene que prepararse con la oración, el ayuno y la mortificación, pues no se trata de una obra humana, sino de la presencia divina entre nosotros.

PREGUNTAS PARA REFLEXIONAR

1. ¿Qué enseñanza nos quiere dejar Jesús cuando dice que sus discípulos no pueden ayunar mientras él está con ellos?

2. ¿Cuál es el valor del ayuno en nuestros días?

3. ¿Qué sentido tiene el ayunar como un gesto de solidaridad por quienes sufren el hambre aunque nosotros gocemos de plenitud?

4. ¿Guardas el ayuno eucarístico?

LECTURAS SEMANALES: Sirácide 17:19–27; 35:1–12; Joel 2:12–18; Deuteronomio 30:15–20; Isaías 58:1–9a; 58:9b–14.

CUARESMA

Salmo 51

7 – 11, 14 – 19

Tú ves que malo soy de nacimiento,
pecador desde el seno de mi madre.
Tú quieres rectitud de corazón,
enséñame en secreto lo que es sabio.

Rocíame con agua y seré limpio
lávame y seré blanco cual la nieve.
Haz que sienta otra vez júbilo y gozo
y que bailen los huesos que moliste.
Aparta tu semblante de mis faltas,
borra en mí todo rastro de malicia.

Dame tu salvación que regocija,
manten en mí un alma generosa.
Indicaré el camino a los desviados,
a ti se volverán los descarriados.

De la muerte presérvame, Señor,
y aclamará mi lengua tu justicia.
Señor, abre mis labios
y cantará mi boca tu alabanza.

Un sacrificio no te gustaría,
ni querrás, si te ofrezco, un holocausto.
Un corazón contrito te presento;
no desdeñes un alma destrozada.

PRIMERA LECTURA

Joel 2:12–18

Dice el Señor: "Vuelvan a mí, con todo
    corazón,
    con ayuno, con llantos y con lamentos".
Rasga tu corazón y no tus vestidos,
    y vuelve al Señor tu Dios,
    porque él es bondadoso y compasivo;
    le cuesta enojarse, y grande es su
    misericordia;
    envía la desgracia, pero luego perdona.
¡Quién sabe si volverá atrás y nos perdonará
    y hará producir de nuevo a nuestros
    campos,
    de los cuales sacaremos las ofrendas
    para el Señor!
Toquen la trompeta en Sión,
    ordenen el ayuno sagrado, y llamen
    a consejo.
Congreguen al pueblo,
    reúnan a los ancianos y que todos
    se purifiquen.
Traigan también a los pequeños y a los niños
    de pecho,
    y que los recién casados dejen su cama.
En el patio del santuario lloren los sacerdotes
    ministros del Señor
    y digan: "¡Señor, perdona a tu pueblo,
    y no lo entregues al desprecio
    y a la burla de las naciones!
¿Acaso permitirás que los paganos digan:
    'Dónde está su Dios'?"
El Señor se mostró lleno de celo por su tierra
    y tuvo piedad de su pueblo.

SEGUNDA LECTURA

1 Corintios 5:20—6:2

Nos presentamos como mensajeros de parte
de Cristo, como si Dios mismo les rogara por
nuestra boca. Y de parte de Cristo les suplicamos: "Pónganse en paz con Dios". A Cristo
que no cometió pecado, Dios lo hizo pecado
por nosotros, para que nosotros en él lleguemos a participar de la vida santa de Dios.

Como somos los ayudantes de Dios, les
suplicamos: no hagan inútil la gracia de Dios,
que han recibido. Dice la Escritura: "En el momento fijado te escuché, en el día de la salvación te ayudé". Éste es el momento favorable,
éste es el día de salvación.

EVANGELIO

Mateo 6:1–6, 16–18

En aquel tiempo dijo Jesús a sus discípulos:
"Tengan cuidado de no hacer el bien delante
de la gente para que los vean; de lo contrario,
el Padre que está en los cielos no les dará ningún premio. Por eso, cuando des limosna, no
lo publiques al son de trompetas, como hacen
los hipócritas en las sinagogas y en las calles,
para que los hombres los alaben. Yo les digo
que ya recibieron su premio. Tú en cambio,
cuando des limosna, no debe saber tu mano
izquierda lo que hace tu derecha; cuida que tu
limosna quede en secreto, y el Padre que ve
los secretos, te premiará.

"Cuando recen, no hagan como los hipócritas, que gustan orar de pie en las sinagogas
y en las esquinas de las plazas, para que los
hombres los vean. Ellos ya recibieron su premio. Tú, cuando reces, entra en tu pieza, cierra
la puerta y reza y tu Padre, que ve los secretos, te premiará.

"Cuando ayunen, no pongan cara triste,
como hacen los hipócritas, que se desfiguran
la cara para mostrar a todos que ayunan.
Les aseguro que ya recibieron su recompensa.
Tú, cuando ayunes, perfúmate el cabello y no
dejes de lavarte la cara, porque no son los
hombres quienes deben darse cuenta de que
tú ayunas, sino tu Padre que está en el secreto,
y tu Padre que ve en lo secreto te premiará".

 **ESTAS FRASES** de arrepentimiento, conversión, cambio de vida o de dejar atrás nuestra sumisión al pecado parecen tan rutinarias y carentes de motivación que para muchas personas ya no tienen gran significado. Se han acostumbrado a vivir de tal manera, sometidos al dominio de sus vicios y pasiones, que parecería imposible liberarse de ellos y emprender una vida nueva en la gracia y amistad con Dios y los demás.

En infinidad de casos, no sólo las víctimas se sienten impotentes de liberarse de las garras de sus pasiones, sino que al igual que ellos los familiares terminan por perder la paciencia y los dejan en un total abandono. El problema más serio es que creen que, a la hora que se lo propongan, fácilmente pueden liberarse de ellos; por lo tanto, rechazan toda ayuda afectiva y profesional y en ocasiones actúan con una total indiferencia ante la necesidad de ayuda sobrenatural.

La conversión y un verdadero cambio de vida no se dan por arte de magia. Se requiere la firme determinación de los afectados de salir de esa prisión en la que han caído; pero eso requiere de un proyecto progresivo: reconocer en primer lugar que con sus propias fuerzas no será posible liberarse de esas cadenas. Se requiere, además, el apoyo amoroso y constante de las personas que más influyen en la vida. En muchas ocasiones hay que recurrir a la ayuda profesional o de grupos que ya han pasado por esos problemas y cuyo testimonio de superación sea un incentivo para que otros también lo intenten. Sin embargo, mientras no tomemos conciencia de la necesidad de la ayuda de Dios para salir de esas situaciones, difícil y a veces casi imposible será la tarea de volverlos a la vida de Dios.

El profeta Joel nos recuerda que mientras haya vida, hay esperanza; que la misericordia y bondad de Dios son infinitas; que Dios es nuestro Padre y el primer interesado en nuestra conversión: "Yo no quiero la muerte del pecador, sino que se arrepienta y viva". Si Dios fue capaz de entregar a su propio Hijo por tal de salvarnos, y si Cristo mismo fue capaz de dar su vida por nosotros, ¿cómo es posible que nos vayamos a perder? Sin embargo, se requiere de fe, de una fe grande en la ayuda y apoyo del Señor; a la vez se requiere también que pongamos de nuestra parte lo necesario para que la ayuda externa pueda ser eficaz. ∎

VIVIENDO NUESTRA FE

¡Qué importante es aprovechar en nuestra vida las oportunidades que el Señor nos ofrece para liberarnos de nuestras cadenas! Cada vez que dejamos pasar el tiempo, cuando menos lo esperamos las cadenas de los vicios y pasiones se afianzan con tal fuerza que en ocasiones perdemos la esperanza de salir de ahí.

Aquí es donde se requiere no perder jamás la fe y luchar con toda esperanza, con la plena convicción de que Dios dará su gracia y tocará el corazón de aquellas personas, para darles la luz y la fuerza de voluntad para que puedan poner los medios necesarios y para que se vean libres por fin de sus cadenas. Mientras tanto, más allá de criticar a estas personas, ¿qué podemos hacer por ellas? Quizá ésa debería ser nuestra actitud; por lo menos sería más positiva.

PREGUNTAS PARA REFLEXIONAR

1. ¿Qué significan para ti el arrepentimiento y la conversión?
2. ¿Cuándo termina el proceso de conversión de cada persona, pueblo o nación?
3. ¿Cuál es tu actitud ante las personas que sufren por algún vicio?
4. Como comunidad, ¿qué vicios nos impiden seguir al Señor?

9 DE MARZO DE 2003

PRIMERA LECTURA

Génesis 9:8-15

En aquellos días, dijo Dios a Noé y a sus hijos: "Ahora establezco una alianza con ustedes y con sus descendientes, con todos los animales que los acompañaron, aves, ganados y fieras, con todos los que salieron del arca, con todo ser viviente sobre la tierra. Esta es la alianza que establezco con ustedes: No volveré a exterminar la vida con el diluvio ni habrá otro diluvio que destruya la tierra".

Y añadió: "Ésta es la señal de la alianza perpetua que yo establezco con ustedes y con todo ser viviente que esté con ustedes. Pondré mi arco iris en el cielo como señal de mi alianza con la tierra, y cuando yo cubra de nubes la tierra, aparecerá el arco iris y me acordaré de mi alianza con ustedes y con todo ser viviente. No volverán las aguas del diluvio a destruir la vida".

SEGUNDA LECTURA

1 Pedro 3:18-22

Hermanos: Cristo murió, una sola vez y para siempre, por los pecados de los hombres; él, el justo, por nosotros, los injustos, para llevarnos a Dios; murió en su cuerpo y resucitó glorificado. En esta ocasión, fue a proclamar su mensaje a los espíritus encarcelados, que habían sido rebeldes en los tiempos de Noé, cuando la paciencia de Dios aguardaba, mientras se construía el arca, en la que unos pocos, ocho personas, se salvaron flotando sobre el agua. Aquella agua era figura del bautismo, que ahora los salva a ustedes y que no consiste en quitar la inmundicia corporal, sino en el compromiso de vivir con una buena conciencia ante Dios, por la resurrección de Cristo Jesús, Señor nuestro, que subió al cielo y está a la derecha de Dios, a quien están sometidos los ángeles, las potestades y las virtudes.

EVANGELIO

Marcos 1:12-15

En aquel tiempo, el Espíritu impulsó a Jesús a retirarse al desierto, donde permaneció cuarenta días y fue tentado por Satanás. Vivió allí entre animales salvajes, y los ángeles le servían.

Después de que arrestaron a Juan el Bautista, Jesús se fue a Galilea para predicar el Evangelio de Dios y decía: "Se ha cumplido el tiempo y el Reino de Dios ya está cerca. Arrepiéntanse y crean en el Evangelio".

PASÓ a la historia del tiempo de las Cuaresmas largas, cuando los cristianos ayunaban toda la semana a excepción del domingo. Ya de por sí nuestra gente vivió períodos tremendamente difíciles. No había nada que llevarse a la boca, las tierras producían demasiado poco y si a eso se agregaba el problema de las guerras y persecuciones, unas en lo político y otras en lo religioso, la gente vivía casi de milagro porque no tenía propiamente nada que comer y, además, había que agregar todavía el ayuno; esto sí que era sufrir en serio.

La Cuaresma se veía con miedo, se sentía lo largo de ella, parecía como si nunca fuera a terminar, pero el sábado de gloria era una probada de cielo. Para los niños de manera especial llevarse un terrón de azúcar a la boca era como bajarles el cielo.

Marcos es demasiado escueto al narrarnos el paso de Jesús por el desierto, pero marca la importancia de la preparación para una gran misión. Enfrentar el desierto es experimentar las necesidades más fuertes del ser humano: hambre, sed, frío, calor, soledad. Es sentir la impotencia y debilidad humana frente a la naturaleza. Nos damos cuenta de que la vida está en constante peligro; sin embargo, vivimos una experiencia única de contacto y convivencia con Dios. Es volver al paraíso en cuanto a sentir que es Dios quien nos mantiene con vida.

La gran enseñanza que nos ofrece el desierto es darnos cuenta de que no es la fortaleza del cuerpo, ni el darle todo lo que pide, lo que nos hace fuertes ante las tentaciones, sino la fortaleza de espíritu que se consigue con este tipo de experiencias, pues aunque el cuerpo termine casi en la inanición por la falta de alimento y bebida, el espíritu alcanza una fortaleza que puede sostener al mismo cuerpo y llevarlo al triunfo ante las más duras tentaciones. Jesús, después de los días del ayuno, es capaz de vencer las tentaciones del demonio que le ofrecía hacer milagros para resolver sus necesidades materiales, pero Jesús da muestras de una fortaleza desconocida al rechazar la oferta del demonio de convertir las piedras en pan y preferir la Palabra de Dios al alimento humano.

Cualquiera hubiera pensado que la mejor manera de prepararse a una tentación como la que le hace el demonio de convertir las piedras en panes hubiera sido estar bien comido, pero debemos descubrir que lo importante no es satisfacer las necesidades materiales, sino fortalecer nuestros espíritus. ∎

VIVIENDO NUESTRA FE

Ahora que está tan de moda la idolatría de los cuerpos, hace falta que entendamos lo valioso e importante de lograr un espíritu fuerte y de que seamos atletas del espíritu que se lancen a la conquista de las virtudes mediante la disciplina y el ejercicio diario del ayuno, la mortificación, la oración, la caridad y la penitencia. Esto no está pasado de moda, pero hay que acompañarlo siempre de una labor comunitaria.

Diariamente, encontramos en los medios de comunicación las figuras perfectas, tanto masculinas como femeninas. Pero encontramos espíritus totalmente deformados, débiles, empañados por muchas cosas que no son voluntad de Dios. Necesitamos re-descubrir el valor del espíritu humano por encima de la apariencia.

PREGUNTAS PARA REFLEXIONAR

1. ¿Destinas algún tiempo para reflexionar sobre el rumbo que lleva tu vida?

2. ¿Te gustaría pasar al menos una semana en pleno desierto, para experimentar la soledad humana y la compañía divina?

3. ¿Cómo te preparas para vencer las tentaciones?

4. ¿Qué cualidades necesita el espíritu en la carrera de la fe?

LECTURAS SEMANALES: Levítico 19:1-2, 11-18; Isaías 55:10-11; Jonás 3:1-10; Esther C:12, 14-16, 23-25; Ezequiel 18:21-28; Deuteronomio 26:16-19.

16 DE MARZO DE 2003

Génesis 22:1-2, 9-13, 15-18

En aquel tiempo, Dios le puso una prueba a Abraham y le dijo: "¡Abraham, Abraham!" Él respondió: "Aquí estoy". Y Dios le dijo: "Toma a tu hijo único, Isaac, a quien tanto amas; vete a la región de Moria y ofrécemelo como sacrificio, en uno de los montes que yo te indicaré".

Cuando llegaron al sitio que Dios le había señalado, Abraham levantó un altar y acomodó la leña. Luego ató a su hijo Isaac, lo puso sobre el altar, encima de la leña y tomó el cuchillo para degollarlo.

Pero el ángel del Señor lo llamó desde el cielo y le dijo: "¡Abraham, Abraham!" Él contestó: "Aquí estoy". El ángel le dijo: "No descargues la mano contra tu hijo, ni le hagas daño. Ya veo que temes a Dios, porque no le has negado a tu hijo único".

Abraham levantó los ojos y vio un carnero, enredado por los cuernos en la maleza. Atrapó el carnero y lo ofreció en sacrificio en lugar de su hijo.

El ángel del Señor volvió a llamar a Abraham desde el cielo y le dijo: "Juro por mí mismo, dice el Señor, que por haber hecho esto y no haberme negado a tu hijo único, yo te bendeciré y multiplicaré tu descendencia como las estrellas del cielo y las arenas del mar. Tus descendientes conquistarán las ciudades enemigas. En tu descendencia serán bendecidos todos los pueblos de la tierra, porque obedeciste a mis palabras".

Romanos 8:31-34

Marcos 9:2-10

En aquel tiempo, Jesús tomó aparte a Pedro, a Santiago y a Juan, subió con ellos a un monte alto y se transfiguró en su presencia. Sus vestiduras se pusieron esplendorosamente blancas, con una blancura que nadie puede lograr sobre la tierra. Después se les aparecieron Elías y Moisés, conversando con Jesús.

Entonces Pedro le dijo a Jesús: "Maestro, ¡qué a gusto estamos aquí! Hagamos tres chozas, una para ti, otra para Moisés y otra para Elías". En realidad no sabía lo que decía, porque estaban asustados.

Se formó entonces una nube, que los cubrió con su sombra, y de esta nube salió una voz que decía: "Éste es mi Hijo amado; escúchenlo".

En ese momento miraron alrededor y no vieron a nadie sino a Jesús, que estaba solo con ellos.

Cuando bajaban de la montaña, Jesús les mandó que no contaran a nadie lo que habían visto, hasta que el Hijo del hombre resucitara de entre los muertos. Ellos guardaron esto en secreto, pero discutían entre sí qué querría decir eso de "resucitar de entre los muertos".

MIÉRCOLES 19 DE MARZO DEL 2003
San José, esposo de la Virgen María

2 Samuel 7:4-5, 12-14a, 16
Dios le dará el trono de David su padre.

Romanos 4:13, 16-18, 22
Esperando contra toda esperanza,
(Abraham) creyó.

Mateo 1:16, 18-21, 24
José hizo lo que el ángel del Señor
le había ordenado.

DE LA misma manera que Dios eligió a Abraham de entre todos los hombres de la tierra para encomendarle la misión más importante para la humanidad, de ser signo en el mundo de la presencia del único Dios verdadero, así a través de la historia, Dios va eligiendo a ciertas personas para llevar a cabo su plan de salvación. Abraham tiene que dejar todas sus seguridades humanas y lanzarse a la aventura de poner toda su confianza en Dios; se le pide dejar casa, familiares, amigos y propiedades para ir a una tierra que no conocía, y sólo porque el Señor se lo pedía.

El nacimiento del Mesías tal vez fue un acontecimiento conocido por sólo unos cuantos, de tal manera que la revelación en sí sería siempre para la mayoría de las personas un acto de fe, porque sólo unos pocos habían tenido el privilegio de compartir los momentos clave del plan de salvación.

Cuando Jesús da inicio a su vida pública, continúa con el mismo estilo de su Padre; llama algunas personas a seguirle, y los instruye y prepara para la misión que les encomendará. De entre estos pocos, elige sólo a tres y comparte su gloria con ellos, aunque sólo fuera por un momento.

Jesús les hace comprender la razón de lo que ha querido compartir con ellos. Es verdad que ésa es la meta de todo ser humano, llegar a la posesión plena de la gloria divina. Pero aún no es el momento; todavía falta mucho por hacer. El recuerdo de ese momento que el Señor les ha permitido vivir tendrá que servirles de luz y darles la fortaleza necesaria para sobreponerse a las grandes pruebas que les esperan en el cumplimiento de su misión. Ahora ya saben a quién están siguiendo y de quién se trata. El mismo cielo les ha revelado la verdad. Jesús no es sólo un gran profeta, sino que es el mismo Hijo de Dios; es el elegido que hay que seguir hasta el final.

Los milagros, los prodigios y las obras portentosas del Señor seguirán siendo privilegio de unos cuantos y sólo el don de la fe podrá ayudarnos a creer en estas cosas. Los milagros que Jesús realizó en este mundo fueron vistos por unos cuantos de su tiempo. Propiamente nadie fue testigo de la resurrección, el hecho central de nuestra fe; unos cuantos fueron los testigos de que estaba vivo porque se les fue apareciendo poco a poco. ■

VIVIENDO NUESTRA FE

De múltiples formas nos encontramos con Dios. Nos sentimos tan cerca de él, tan amados, que desearíamos que aquello se eternice. Sin embargo, la realidad es a veces demasiado ingrata. Antes de que acabe de gozar de ese momento, topamos con que Jesús desaparece y que por más que lo buscamos; parece que no lo volveremos a encontrar. Debemos tomar estas probadas de la divinidad de Jesús, de su cariño, de su amor y aprecio por nosotros, como la luz que el Señor nos ofrece para poder cruzar por los bosques más espesos y las oscuridades más terribles que tendremos que enfrentar al paso de nuestra vida por este mundo.

PREGUNTAS PARA REFLEXIONAR

1. ¿Crees que Cristo tiene preferencias?

2. ¿Por qué Pedro quiere hacer tres chozas?

3. ¿Qué es lo que se nos revela en este Evangelio?

4. ¿Notaste que los apóstoles aún no tenían claro lo que era la resurrección?

LECTURAS SEMANALES: Daniel 9:4b-10; Isaías 1:10, 16-20; 2 Samuel 7:4-5a, 12-14a, 16; Jeremías 17:5-10; Génesis 37:3-4, 12-13a, 17b-28.

23 DE MARZO DE 2003

Éxodo 17:3-7

En aquellos días, el pueblo, torturado por la sed, fue a protestar contra Moisés, diciéndole: "¿Nos has hecho salir de Egipto para hacernos morir de sed a nosotros, a nuestros hijos y a nuestro ganado?" Moisés clamó al Señor y le dijo: "¿Qué puedo hacer con este pueblo? Sólo falta que me apedreen". Respondió el Señor a Moisés: "Preséntate al pueblo, llevando contigo a algunos de los ancianos de Israel, toma en tu mano el cayado con que golpeaste el Nilo y vete. Yo estaré ante ti, sobre la peña, en Horeb. Golpea la peña y saldrá de ella agua para que beba el pueblo".

Así lo hizo Moisés a la vista de los ancianos de Israel y puso por nombre a aquel lugar Masá y Meribá, por la rebelión de los hijos de Israel y porque habían tentado al Señor, diciendo: "¿Está o no está el Señor en medio de nosotros?"

Romanos 5:1-2, 5-8

Juan 4:5-42

En aquel tiempo, llegó Jesús a un pueblo de Samaria, llamado Sicar, cerca del campo que dio Jacob a su hijo José. Ahí estaba el pozo de Jacob. Jesús, que venía cansado del camino, se sentó sin más en el brocal del pozo. Era cerca del mediodía.

Entonces llegó una mujer de Samaria a sacar agua y Jesús le dijo: "Dame de beber". (Sus discípulos habían ido al pueblo a comprar comida). La samaritana le contestó: "¿Cómo es que tú, siendo judío, me pides de beber a mí, que soy samaritana?" (Porque los judíos no tratan a los samaritanos). Jesús le dijo: "Si conocieras el don de Dios y quién es el que te pide de beber, tú le pedirías a él, y él te daría agua viva".

La mujer le respondió: "Señor, ni siquiera tienes con qué sacar agua y el pozo es profundo, ¿cómo vas a darme agua viva? ¿Acaso eres tú más que nuestro padre Jacob, que nos dio este pozo, del que bebieron él, sus hijos y sus ganados?" Jesús le contestó: "El que bebe de esta agua vuelve a tener sed. Pero el que beba del agua que yo le daré, nunca más tendrá sed; el agua que yo le daré se convertirá dentro de él en un manantial capaz de dar la vida eterna".

La mujer le dijo: "Señor, dame de esa agua para que no vuelva a tener sed ni tenga que venir hasta aquí a sacarla". Él le dijo: "Ve a llamar a tu marido y vuelve". La mujer le contestó: "No tengo marido". Jesús le dijo: "Tienes razón en decir: 'No tengo marido'. Has tenido cinco, y el de ahora no es tu marido. En eso has dicho la verdad".

La mujer le dijo: "Señor, ya veo que eres profeta. Nuestros padres dieron culto en este monte y ustedes dicen que el sitio donde se debe dar culto está en Jerusalén". Jesús le dijo: "Créeme, mujer, que se acerca la hora en que ni en este monte ni en Jerusalén adorarán al Padre. Ustedes adoran lo que no conocen; nosotros adoramos lo que conocemos. Porque la salvación viene de los judíos. Pero se acerca la hora, y ya está aquí, en que los que quieran dar culto verdadero adorarán al Padre en espíritu y en verdad, porque así es como el Padre quiere que se le dé culto. Dios es espíritu, y los que lo adoran deben hacerlo en espíritu y en verdad".

La mujer le dijo: "Ya sé que va a venir el Mesías (es decir, Cristo). Cuando venga, él nos dará razón de todo". Jesús le dijo: "Soy yo, el que habla contigo".

[Version completa: Juan 4:5–42]

 **EN EL EVANGELIO** descubrimos la manera tan sutil en que Jesús, apareciendo como necesitado, termina dando lo que parecía pedir, pero de lo natural pasa a lo sobrenatural. Jesús pide ayuda para satisfacer su sed física, pero termina satisfaciendo y haciendo consciente a la samaritana de la necesidad espiritual.

En lugar de acompañar a sus discípulos, Jesús permanece en el pozo de Jacob. Aparentemente está descansando, pero la verdad es que él tiene otro trabajo y otro alimento. Se ha quedado solo y se acerca al pozo una mujer que por cierto es samaritana.

En cuanto la mujer se acerca al pozo, Jesús con toda naturalidad le pide de beber. La mujer se extraña de que un judío se humille de esa manera, pidiendo de beber a una samaritana. Pero Jesús no desperdicia la oportunidad para llevarla de la solución de sus necesidades materiales a tomar conciencia de sus necesidades sobrenaturales, aunque la persona hambrienta de las cosas materiales no es capaz de entender a Dios y aun le reprocha el que no dé respuesta a sus problemas materiales.

La mujer no conoce a Cristo y por eso lo reta: "¿Acaso crees ser mayor que nuestro padre Jacob que nos dio este pozo?" Jesús de inmediato responde: quien beba de esa agua, no volverá a tener sed.

La mujer no ha sido capaz de levantar su mirada del suelo. Sigue pensando en el agua natural y ahora sí le interesa la oferta de Cristo; cree que ha encontrado una solución milagrosa para resolver una necesidad material. Ahora está feliz porque no tendrá que volver por agua, pero no ha entendido la oferta de Cristo. Él habla de la gracia divina, de tal manera que el que la consigue no volverá a tener sed.

Cuando la mujer se da cuenta de que Jesús es profeta, la conversación cambia de rumbo. Se termina la plática sobre las cosas materiales y da comienzo una conversación sobre las cosas sobrenaturales.

Cristo, siendo Dios y hombre a la vez, no utiliza sus poderes divinos para resolver sus necesidades humanas; antes bien resuelve las necesidades humanas de sus hermanos para llevarlos a tomar conciencia de sus necesidades sobrenaturales, invitándolos a dejar atrás su vida pasada. ∎

VIVIENDO NUESTRA FE

La samaritana se siente orgullosa de sí cuando ve que un judío se humilla ante ella para pedirle de beber, pero no imagina lo que implicará esa petición. Muchas veces Dios nuestro Señor se nos presenta con el rostro de limosnero pidiéndonos una ayuda, y es muy fácil que lo ignoremos e incluso que lo rechacemos. Hay que tener los ojos muy abiertos para saberlo reconocer en cada uno de nuestros hermanos necesitados, porque por un vaso de agua fresca que regalemos a un sediento, él nos puede dar el agua sobrenatural de la vida eterna. De una forma casi imperceptible, para que no nos sintamos mal, a veces nos pide algo insignificante, pero lo hace como un pretexto para darnos lo que más nos hace falta.

PREGUNTAS PARA REFLEXIONAR

1. ¿Cuál era el hambre y la sed de Cristo en el pozo de Jacob?

2. ¿Qué era lo que más le interesaba a la samaritana?

3. ¿Por qué los discípulos se sorprenden cuando Cristo dice que tiene otro alimento?

4. ¿Qué era lo que buscaba Cristo en la conversación con la samaritana?

5. ¿Cuál debería ser nuestro interés en la conversación con las personas?

PRIMERA LECTURA

Éxodo 20:1-17

En aquellos días, el Señor promulgó estos preceptos para su pueblo en el monte Sinaí, diciendo: "Yo soy el Señor, tu Dios, que te sacó de la tierra de Egipto y de la esclavitud. No tendrás otros dioses fuera de mí; no te fabricarás ídolos ni imagen alguna de lo que hay arriba, en el cielo, o abajo, en la tierra, o en el agua, y debajo de la tierra. No adorarás nada de eso ni le rendirás culto, porque yo, el Señor, tu Dios, soy un Dios celoso, que castiga la maldad de los padres en los hijos hasta la tercera y cuarta generación de aquellos que me odian; pero soy misericordioso hasta la milésima generación de aquellos que me aman y cumplen mis mandamientos.

No harás mal uso del nombre del Señor, tu Dios, porque no dejará el Señor sin castigo a quien haga mal uso de su nombre.

Acuérdate de santificar el sábado. Seis días trabajarás y en ellos harás todos tus quehaceres; pero el día séptimo es día de descanso, dedicado al Señor, tu Dios. No harás en él trabajo alguno, ni tú, ni tu hijo, ni tu hija, ni tu esclavo, ni tu esclava, ni tus animales, ni el forastero que viva contigo. Porque en seis días hizo el Señor el cielo, la tierra, el mar y cuanto hay en ellos, pero el séptimo, descansó. Por eso bendijo el Señor el sábado y lo santificó.

Honra a tu padre y a tu madre para que vivas largos años en la tierra que el Señor, tu Dios, te va a dar. No matarás. No cometerás adulterio. No robarás. No darás falso testimonio contra tu prójimo. No codiciarás la casa de tu prójimo, ni a su mujer, ni a su esclavo, ni a su esclava, ni su buey, ni su burro, ni cosa alguna que le pertenezca".

SEGUNDA LECTURA

1 Corintios 1:22-25

Hermanos: Los judíos exigen señales milagrosas y los paganos piden sabiduría. Pero nosotros predicamos a Cristo crucificado, que es escándalo para los judíos y locura para los paganos; en cambio, para los llamados, sean judíos o paganos, Cristo es la fuerza y la sabiduría de Dios. Porque la locura de Dios es más sabia que la sabiduría de los hombres, y la debilidad de Dios es más fuerte que la fuerza de los hombres.

EVANGELIO

Juan 2:13-25

Cuando se acercaba la Pascua de los judíos, Jesús llegó a Jerusalén y encontró en el templo a los vendedores de bueyes, ovejas y palomas, y a los cambistas con sus mesas. Entonces hizo un látigo de cordeles y los echó del templo, con todo y sus ovejas y bueyes; a los cambistas les volcó las mesas y les tiró al suelo las monedas; y a los que vendían palomas les dijo: "Quiten todo de aquí y no conviertan en un mercado la casa de mi Padre".

En ese momento, sus discípulos se acordaron de lo que estaba escrito: El celo de tu casa me devora.

Después intervinieron los judíos para preguntarle: "¿Qué señal nos das de que tienes autoridad para actuar así?" Jesús les respondió: "Destruyan este templo y en tres días lo reconstruiré". Replicaron los judíos: "Cuarenta y seis años se ha llevado la construcción del templo, ¿y tú lo vas a levantar en tres días?"

Pero él hablaba del templo de su cuerpo. Por eso, cuando resucitó Jesús de entre los muertos, se acordaron sus discípulos de que había dicho aquello y creyeron en la Escritura y en las palabras que Jesús había dicho.

Mientras estuvo en Jerusalén para las fiestas de Pascua, muchos creyeron en él, al ver los prodigios que hacía. Pero Jesús no se fiaba de ellos, porque los conocía a todos y no necesitaba que nadie le descubriera lo que es el hombre, porque él sabía lo que hay en el hombre.

CRISTO, al expulsar a los vendedores del templo, nos deja una gran enseñanza. Quizás haya sido el único momento de su vida en que se haya visto obligado a utilizar la violencia para resolver un asunto.

En torno a cada uno de los santuarios católicos en todo el mundo, podemos observar la misma escena. En algunas partes se logra un poco de orden, pero hay otros lugares donde la invasión de estos vendedores se adueña de los atrios de las basílicas, cierra las calles y las autoridades respectivas se quedan con los brazos cruzados, ya sea porque reciben algún beneficio no publicable o porque amenazan con hacer protestas, porque al cabo del tiempo se sienten con todos los derechos para que nadie los mueva.

Por otra parte, deberíamos hablar de otro tipo de vendedores del templo. En este caso debemos referirnos a los mismos ministros de culto y trabajadores del templo que, con el tiempo, pueden convertir los templos en simples mercados de servicios religiosos, donde ya no importa tanto el acercar a la gente a Dios o su conversión misma. Aquí lo importante es acercar a la gente al templo para trasquilarla, comerse su carne y beberse su sangre. Se vive una competencia por los mejores arreglos del templo, los mejores coros que llenan todo de lujos, y como siempre hay gente a que a su vez no le interesa tanto la fiesta religiosa ni el llevar a cabo un compromiso más firme de su fe, sino que lo que más les llama la atención es lucir ante la sociedad y presumir de elegancias compitiendo con los demás en gastos. Esto da pie al padrecito para utilizar las cosas de Dios convirtiéndolas en verdaderos negocios paganos.

No sólo el sacerdote sino cualquier persona nota que está la hora de la celebración cuando la gente no sabe a qué fue al templo, porque no participa en nada, no responde a nada.

En poblaciones aún pequeñas donde algún sacerdote se anima al menos a retirar un poco a este tipo de personas, muchas veces sale el padrecito antes de que la gente dejen sus negocios construidos encima de los templos por más que entorpezcan el desenvolvimiento de la fiesta, y los padrecitos ricos igualmente se defienden justificando sus acciones. ∎

VIVIENDO NUESTRA FE

Muchos ricos, con la mayor naturalidad del mundo, critican a los pobres y afirman que son pobres porque son flojos, porque no saben ahorrar o porque son ignorantes. Incluso muchas de estas personas se dan el lujo de ser los bienhechores de los templos o centros de asistencia social dándose el taco de bondadosos y altruistas. Pero lo que dan no significa ni siquiera una miserable limosna en comparación a las grandes fortunas que han amasado de manera completamente injusta. Pero también las personas que logran niveles altos de riqueza a base de su trabajo y esfuerzo, con el tiempo pueden correr el peligro de perder sensibilidad y después justificar con toda tranquilidad adquisiciones no del todo correctas ni justas. Por eso hay que vivir en un constante examen ante la presencia de Dios.

PREGUNTAS PARA REFLEXIONAR

1. ¿Qué piensas de las riquezas?

2. ¿Por qué Cristo actuaría de esa manera?

3. ¿Qué piensas de estos dos tipos de comerciantes que te he presentado?

4. ¿Cuál debe ser el objetivo primario de una fiesta religiosa?

LECTURAS SEMANALES: 2 Reyes 5:1–15a; Isaías 7:10–14; 8:10; Deuteronomio 4:1, 5–9; Jeremías 7:23–28; Oseas 6:1–6.

PRIMERA LECTURA

1 Samuel 16:1b, 6-7, 10-13a

En aquellos días, dijo el Señor a Samuel: "Ve a la casa de Jesé, en Belén, porque de entre sus hijos me he escogido un rey. Llena, pues, tu cuerno de aceite para ungirlo y vete".

Cuando llegó Samuel a Belén y vio a Eliab, el hijo mayor de Jesé, pensó: "Este es, sin duda, el que voy a ungir como rey". Pero el Señor le dijo: "No te dejes impresionar por su aspecto ni por su gran estatura, pues yo lo he descartado, porque yo no juzgo como juzga el hombre. El hombre se fija en las apariencias, pero el Señor se fija en los corazones".

Así fueron pasando ante Samuel siete de los hijos de Jesé; pero Samuel dijo: "Ninguno de éstos es el elegido del Señor". Luego le preguntó a Jesé: "¿Son éstos todos tus hijos?" Él respondió: "Falta el más pequeño, que está cuidando el rebaño". Samuel le dijo: "Hazlo venir, porque no nos sentaremos a comer hasta que llegue". Y Jesé lo mandó llamar.

El muchacho era rubio, de ojos vivos y buena presencia. Entonces el Señor dijo a Samuel: "Levántate y úngelo, porque éste es". Tomó Samuel el cuerno con el aceite y lo ungió delante de sus hermanos.

SEGUNDA LECTURA

Efesios 5:8-14

EVANGELIO

Juan 9:1-41

En aquel tiempo, Jesús vio al pasar a un ciego de nacimiento, y sus discípulos le preguntaron: "Maestro, ¿quién pecó para que éste naciera ciego, él o sus padres?" Jesús respondió: "Ni él pecó, ni tampoco sus padres. Nació así para que en él se manifestaran las obras de Dios. Es necesario que yo haga las obras del que me envió, mientras es de día, porque luego llega la noche y ya nadie puede trabajar. Mientras esté en el mundo, yo soy la luz del mundo".

Dicho esto, escupió en el suelo, hizo lodo con la saliva, se lo puso en los ojos al ciego y le dijo: "Ve a lavarte en la piscina de Siloé" (que significa 'Enviado'). Él fue, se lavó y volvió con vista.

Entonces los vecinos y los que lo habían visto antes pidiendo limosna, preguntaban: "¿No es éste el que se sentaba a pedir limosna?" Unos decían: "Es el mismo". Otros: "No es él, sino que se le parece". Pero él decía: "Yo soy". Y le preguntaban: "Entonces, ¿cómo se te abrieron los ojos?" Él les respondió: "El hombre que se llama Jesús hizo lodo, me lo puso en los ojos y me dijo: 'Ve a Siloé y lávate'. Entonces fui, me lavé y comencé a ver". Le preguntaron: "¿En dónde está él?" Les contestó: "No lo sé".

Llevaron entonces ante los fariseos al que había sido ciego. Era sábado el día en que Jesús hizo lodo y le abrió los ojos. También los fariseos le preguntaron cómo había adquirido la vista. Él les contestó: "Me puso lodo en los ojos, me lavé y veo". Algunos de los fariseos comentaban: "Ese hombre no viene de Dios, porque no guarda el sábado". Otros replicaban: "¿Cómo puede un pecador hacer semejantes prodigios?" Y había división entre ellos. Entonces volvieron a preguntarle al ciego: "Y tú, ¿qué piensas del que te abrió los ojos?" Él les contestó: "Que es un profeta".

Pero los judíos no creyeron que aquel hombre, que había sido ciego, hubiera recobrado la vista. Llamaron, pues, a sus padres y les preguntaron: "¿Es éste su hijo, del que ustedes dicen que nació ciego? ¿Cómo es que ahora ve?" Sus padres contestaron: "Sabemos que éste es nuestro hijo y que nació ciego. Cómo es que ahora ve o quién le haya dado la vista, no lo sabemos. Pregúntenselo a él; ya tiene edad suficiente y responderá por sí mismo".

[Version completa: Juan 9:1–41]

 **AUNQUE EN** las antiguas Cuaresmas se sembraba mucho el miedo, ahora son parte del pasado. Sin embargo, el ayuno y la mortificación no son parte del pasado; siguen siendo los elementos propios del tiempo litúrgico, especialmente en el Triduo Pascual. Aun así, la Iglesia insiste en mantener el espíritu verdadero de la Cuaresma, aunque el ambiente comercial en el que nos desenvolvemos envuelve tanto la vida que en ocasiones resulta difícil darnos cuenta de que es Cuaresma.

En el Evangelio de hoy, se ponen en evidencia una serie de cosas interesantes y contrapuestas entre la nueva doctrina de Cristo y la tradicional de los judíos. Los escribas y fariseos no soportan que Jesús siga curando en sábado y presionan al pueblo a que lo condene por estos hechos. El pueblo mismo está confundido. Por un lado, ve la evidencia de las obras de Cristo: "Un pecador no puede hacer semejantes obras". Sin embargo, por temor a las represalias de las autoridades religiosas de su tiempo, los mismos padres del ciego no se animan a expresar con claridad su manera de pensar. Terminan asegurando que éste es su hijo, que antes era ciego y que ahora ve, pero tienen miedo testificar cómo es que esto ha sucedido.

Las respuestas del ciego son las que llenan por completo de admiración. Se supone que es el ignorante, el que no sabe nada; sin embargo, les da lecciones a los mismos maestros.

Cristo desaparece de la escena y no se hace presente hasta que el ciego se ha convertido en su más grande defensor frente a los dueños de la autoridad de su tiempo. De manera sutil y discreta, se acerca al que había sido ciego para no solo dejarlo con la luz de los ojos del cuerpo, sino para abrirle también los ojos del alma. ¿Crees en el Hijo de Hombre? "Creo Señor". Y, postrándose, lo adoró.

Hace falta analizar nuestros comportamientos a la luz de este Evangelio, y tener el valor y la humildad para reconocer nuestros errores y saber valorar y apreciar los aciertos de los demás, aun cuando nos parezca que son menores que nosotros en edad y conocimientos. ∎

VIVIENDO NUESTRA FE

Cuando una persona que ostenta cualquier tipo de autoridad, es capaz de reconocer que también puede equivocarse y lo hace con toda humildad, es normal que en lugar de perder su autoridad sus súbditos le tengan más aprecio y lo respeten y obedezcan con mayor facilidad. Se dan cuenta de que cuando les pide algo no es sólo por capricho o por abuso de autoridad, sino para mantener el orden y el buen funcionamiento en bien de la comunidad.

Nunca nos sintamos seguros de poseer la verdad; es indispensable saber escuchar con madurez y prudencia todos los puntos de vista, sin despreciar aquellos que a los ojos de los demás no valdría la pena tomar en cuenta.

PREGUNTAS PARA REFLEXIONAR

1. ¿Qué podemos aprender del ciego de nacimiento?

2. ¿Qué te parece la postura de los padres del ciego de nacimiento y la de los fariseos?

3. ¿Qué te parece la actitud de Cristo ante el ciego y ante los fariseos?

30 DE MARZO DE 2003

PRIMERA LECTURA

2 Crónicas 36:14–16, 19–23

En aquellos días, todos los sumos sacerdotes y el pueblo multiplicaron sus infidelidades, practicando todas las abominables costumbres de los paganos, y mancharon la casa del Señor, que él se había consagrado en Jerusalén. El Señor, Dios de sus padres, los exhortó continuamente por medio de sus mensajeros, porque sentía compasión de su pueblo y quería preservar su santuario. Pero ellos se burlaron de los mensajeros de Dios, despreciaron sus advertencias y se mofaron de sus profetas, hasta que la ira del Señor contra su pueblo llegó a tal grado, que ya no hubo remedio.

Envió entonces contra ellos al rey de los caldeos. Incendiaron la casa de Dios y derribaron las murallas de Jerusalén, pegaron fuego a todos los palacios y destruyeron todos sus objetos preciosos. A los que escaparon de la espada, los llevaron cautivos a Babilonia, donde fueron esclavos del rey y de sus hijos, hasta que el reino pasó al dominio de los persas, para que se cumpliera lo que dijo Dios por boca del profeta Jeremías: Hasta que el país haya pagado sus sábados perdidos, descansará de la desolación, hasta que se cumplan setenta años.

En el año primero de Ciro, rey de Persia, en cumplimiento de las palabras que habló el Señor por boca de Jeremías, el Señor inspiró a Ciro, rey de los persas, el cual mandó proclamar de palabra y por escrito en todo su reino, lo siguiente: "Así habla Ciro, rey de Persia: El Señor, Dios de los cielos, me ha dado todos los reinos de la tierra y me ha mandado que le edifique una casa en Jerusalén de Judá.

"En consecuencia, todo aquel que pertenezca a este pueblo, que parta hacia allá, y que su Dios lo acompañe".

SEGUNDA LECTURA

Efesios 2:4–10

EVANGELIO

Juan 3:14–21

En aquel tiempo, Jesús dijo a Nicodemo: "Así como levantó Moisés la serpiente en el desierto, así tiene que ser levantado el Hijo del hombre, para que todo el que crea en él tenga vida eterna.

"Porque tanto amó Dios al mundo, que le entregó a su Hijo único, para que todo el que crea en él no perezca, sino que tenga vida eterna. Porque Dios no envió a su Hijo para condenar al mundo, sino para que el mundo se salvara por él. El que cree en él no será condenado; pero el que no cree ya está condenado, por no haber creído en el Hijo único de Dios.

"La causa de la condenación es ésta: habiendo venido la luz al mundo, los hombres prefirieron las tinieblas a la luz, porque sus obras eran malas. Todo aquel que hace el mal, aborrece la luz y no se acerca a ella, para que sus obras no se descubran. En cambio, el que obra el bien conforme a la verdad, se acerca a la luz, para que se vea que sus obras están hechas según Dios".

NUESTRA FE tiene como base y fundamento la resurrección del Señor, pero antes de la resurrección existe la crucifixión. Esto es lo que más trabajo cuesta aceptar a las personas: que no hay camino posible a la resurrección sin la cruz del sufrimiento. Cristo vino al mundo, no para condenarlo sino para salvarlo; se encarnó para llevarnos con él a compartir su gloria. Pero esta gloria sólo puede alcanzarse al finalizar nuestra existencia en este mundo, y Jesús mismo quiso dejarnos el camino marcado con sus propias huellas ensangrentadas.

Por naturaleza buscamos la felicidad, porque fuimos creados para ella, pero tristemente no son pocos los que equivocan el camino y se entregan sin medida al placer de los sentidos. Esto desgraciadamente no hace feliz a nadie; antes bien son incontables los que, entregándose por entero al disfrute sensual, terminan con un vacío total, encadenados por los vicios y pasiones, que después de una aparente felicidad los lleva directamente a la muerte.

En el Primer Testamento el sufrimiento y la enfermedad eran vistos como consecuencia directa de los pecados cometidos, de tal suerte que el sufrimiento era inaceptable, había que huir de él o defenderse a como diera lugar.

En el Nuevo Testamento encontramos la razón del sufrimiento cuando Cristo, siendo el justo por excelencia, sufre por amor y ofrece su vida por la remisión de los pecados de la humanidad. El pastor da la vida por sus ovejas. El verdadero amigo da la vida por el amigo.

Este domingo, antesala ya de la celebración del Triduo Pascual, centro de la fe cristiana, el sufrimiento que la Iglesia nos propone en este mundo no es masoquismo, sino el sufrimiento de quien es capaz de darlo todo por amor, como la madre de familia que es capaz de pasar largas temporadas sin dormir, y casi sin comer por atender a un hijo que se encuentra gravemente enfermo, proporcionándole todos los cuidados necesarios para lograr su restablecimiento.

Sólo así podemos aceptar que Dios haya sido capaz de entregar a su propio hijo para salvarnos y que Cristo haya sido capaz de dar su vida por nosotros. La condenación sólo puede venir por nuestra culpa, pues habiendo venido la luz al mundo, muchas veces preferimos las tinieblas. ■

VIVIENDO NUESTRA FE

El hombre se aferra a conseguir su felicidad aquí en la tierra y todo resulta un fracaso. Es verdad que debemos luchar por ir construyendo nuestro cielo desde aquí en la tierra, pero como un camino para llegar a la gloria que nos espera al final de nuestra vida. Sin embargo, queremos por la fuerza rodearnos de todos los elementos agradables que este mundo ofrece y, cuando no lo conseguimos, nos sentimos fracasados. Vemos a los demás llenos de bienes y riquezas y nos llenamos de envidia, creyendo que ellos sí son felices; pero basta adentrarse un poco al interior de la vida de cada persona o familia y de inmediato descubrimos que todos tienen problemas, que nadie es completamente feliz aquí en la tierra. Por eso, busquemos a Dios para ser completamente felices.

PREGUNTAS PARA REFLEXIONAR

1. ¿Qué es para ti el sufrimiento?
2. ¿Cuál es la causa de que sufran tantas personas inocentes?
3. ¿Cuál fue el sufrimiento de Cristo?
4. ¿Cómo debemos acompañar a las personas que sufren?

LECTURAS SEMANALES: Ezequiel 47:1-9, 12; Isaías 49:8-15; Éxodo 32:7-14; Sabiduría 2:1a, 12-22; Jeremías 11:18-20.

PRIMERA LECTURA

Ezequiel 37:12–14

Esto dice el Señor Dios: "Pueblo mío, yo mismo abriré sus sepulcros, los haré salir de ellos y los conduciré de nuevo a la tierra de Israel.

Cuando abra sus sepulcros y los saque de ellos, pueblo mío, ustedes dirán que yo soy el Señor. Entonces les infundiré a ustedes mi espíritu y vivirán, los estableceré en su tierra y ustedes sabrán que yo, el Señor, lo dije y lo cumplí".

SEGUNDA LECTURA

Romanos 8:8–11

EVANGELIO

Juan 11:1–45

En aquel tiempo, se encontraba enfermo Lázaro, en Betania, el pueblo de María y de su hermana Marta. María era la que una vez ungió al Señor con perfume y le enjugó los pies con su cabellera. El enfermo era su hermano Lázaro. Por eso las dos hermanas le mandaron decir a Jesús: "Señor, el amigo a quien tanto quieres está enfermo".

Al oír esto, Jesús dijo: "Esta enfermedad no acabará en la muerte, sino que servirá para la gloria de Dios, para que el Hijo de Dios sea glorificado por ella".

Jesús amaba a Marta, a su hermana y a Lázaro. Sin embargo, cuando se enteró de que Lázaro estaba enfermo, se detuvo dos días más en el lugar en que se hallaba. Después dijo a sus discípulos: "Vayamos otra vez a Judea". Los discípulos le dijeron: "Maestro, hace poco que los judíos querían apedrearte, ¿y tú vas a volver allá?" Jesús les contestó: "¿Acaso no tiene doce horas el día? El que camina de día no tropieza, porque ve la luz de este mundo; en cambio, el que camina de noche tropieza, porque le falta la luz".

Dijo esto y luego añadió: "Lázaro, nuestro amigo, se ha dormido; pero yo voy ahora a despertarlo". Entonces le dijeron sus discípulos: "Señor, si duerme, es que va a sanar". Jesús hablaba de la muerte, pero ellos creyeron que hablaba del sueño natural. Entonces Jesús les dijo abiertamente: "Lázaro ha muerto, y me alegro por ustedes de no haber estado ahí, para que crean. Ahora, vamos allá". Entonces Tomás, por sobrenombre el Gemelo, dijo a los demás discípulos: "Vayamos también nosotros, para morir con él".

Cuando llegó Jesús, Lázaro llevaba ya cuatro días en el sepulcro. Betania quedaba cerca de Jerusalén, como a unos dos kilómetros y medio, y muchos judíos habían ido a ver a Marta y a María para consolarlas por la muerte de su hermano. Apenas oyó Marta que Jesús llegaba, salió a su encuentro; pero María se quedó en casa. Le dijo Marta a Jesús: "Señor, si hubieras estado aquí, no habría muerto mi hermano. Pero aún ahora estoy segura de que Dios te concederá cuanto le pidas". Jesús le dijo: "Tu hermano resucitará". Marta respondió: "Ya sé que resucitará en la resurrección del último día". Jesús le dijo: "Yo soy la resurrección y la vida. El que cree en mí, aunque haya muerto, vivirá; y todo aquel que está vivo y cree en mí, no morirá para siempre. ¿Crees tú esto?" Ella le contestó: "Sí, Señor. Creo firmemente que tú eres el Mesías, el Hijo de Dios, el que tenía que venir al mundo".

[Version completa: Juan 11:1–45].

LA RESURRECCIÓN de Lázaro, que la liturgia nos presenta al final de la Cuaresma, nos dispone de manera admirable a celebrar el acto céntrico y fundamental de nuestra fe: la resurrección de Cristo.

Marta y María habían mantenido una relación bastante estrecha de amistad con Jesús. Conscientes de la inmensa cantidad de obras prodigiosas de Cristo al curar a tantos enfermos, cuando vieron que su hermano estaba grave no creyeron necesario hacer más comentarios en su recado a Jesús sino mandarle decir: "El amigo a quien tanto quieres está enfermo". La gran confianza y aprecio que las unía a Jesús les daba la plena seguridad de que inmediatamente se vendría y lo curaría. La sorpresa fue grande cuando vieron morir a su hermano, que Cristo no llegó y que, al contrario, se tardó.

Cristo, por su parte, maneja los tiempos de forma distinta a lo que piensan los seres humanos. Él no piensa sólo en el beneficio personal o familiar que pueda significar alguno de sus milagros. Aprovecha siempre la oportunidad para dejar lecciones para toda la humanidad.

Pero todo responde al plan de Dios. Jesús les hace saber que cuando se camina de día no hay peligro de tropezar. Les dice, además, que su amigo duerme pero que él lo despertará. Aun así, los apóstoles no entienden, de tal forma que Jesús se ve en la necesidad de comunicarles directamente que Lázaro había muerto, aunque su muerte serviría para que muchos creyeran en Jesús. La experiencia humana, y la fe de Marta y María, no se apartan de Jesús pues de hecho ellas creen en la resurrección, sin saber ellas mismas que Jesús resucitará a Lázaro y que a Jesús Dios lo resucitaría de entre los muertos.

Para que Cristo resucitará a Lázaro hacía falta que ya tuviera cuatro días de sepultado, para que no quedara lugar a dudas o malas interpretaciones. Además, para que no se tome a Cristo como un simple mago, le dice a Marta que él tiene poder para resucitar a los muertos, pero que es necesario que crea en él. Marta le responde: "Creo que tú eres el Mesías, el Hijo de Dios", y nuevamente, como en el pasaje de la samaritana, es una mujer la que hace la declaración que muchos se negaban a creer: tú eres el Mesías de Dios. ■

VIVIENDO NUESTRA FE

Entre más se esfuerza una persona por hacer el bien a los demás, es frecuente que la vida se le torne más complicada y que surjan críticas de toda índole. Si las personas no tienen una fe firme y bien cimentada, si no tienen claro el por qué de lo que están haciendo, si no actúan en definitiva por agradar a Dios con sus obras, se pueden llevar la sorpresa que hasta los mismos sacerdotes les hagan la vida imposible, dificultándoles su labor. Cristo pasó por este mundo haciendo el bien a los demás, pero entre más lo hacía, más crecía el número de sus enemigos y la prisa por acabar con él.

PREGUNTAS PARA REFLEXIONAR

1. ¿A qué grado llega tu fe en que Cristo puede resolver tus problemas y dificultades?

2. ¿A quién acudes cuando tienes problemas?

3. ¿Cómo te has sentido cuando te esfuerzas más por hacer las cosas bien?

4. ¿Qué podemos aprender de la fe de Marta y María en su relación con Cristo?

5. ¿Por qué crees que la gente sencilla tiene menos problemas para creer en Dios?

PRIMERA LECTURA

Jeremías 31:31-34

"Se acerca el tiempo, dice el Señor, en que haré con la casa de Israel y la casa de Judá una alianza nueva. No será como la alianza que hice con los padres de ustedes, cuando los tomé de la mano para sacarlos de Egipto. Ellos rompieron mi alianza y yo tuve que hacer un escarmiento con ellos.

"Ésta será la alianza nueva que voy a hacer con la casa de Israel: Voy a poner mi ley en lo más profundo de su mente y voy a grabarla en sus corazones.

"Yo seré su Dios y ellos serán mi pueblo. Ya nadie tendrá que instruir a su prójimo ni a su hermano, diciéndole: 'Conoce al Señor', porque todos me van a conocer, desde el más pequeño hasta el mayor de todos, cuando yo les perdone sus culpas y olvide para siempre sus pecados".

SEGUNDA LECTURA

Hebreos 5:7-9

Hermanos: Durante su vida mortal, Cristo ofreció oraciones y súplicas, con fuertes voces y lágrimas, a aquel que podía librarlo de la muerte, y fue escuchado por su piedad. A pesar de que era el Hijo, aprendió a obedecer padeciendo, y llegado a su perfección, se convirtió en la causa de la salvación eterna para todos los que lo obedecen.

EVANGELIO

Juan 12:20-33

Entre los que habían llegado a Jerusalén para adorar a Dios en la fiesta de Pascua, había algunos griegos, los cuales se acercaron a Felipe, el de Betsaida de Galilea, y le pidieron: "Señor, quisiéramos ver a Jesús". Felipe fue a decírselo a Andrés; Andrés y Felipe se lo dijeron a Jesús y él les respondió: "Ha llegado la hora de que el Hijo del hombre sea glorificado. Yo les aseguro que si el grano de trigo, sembrado en la tierra, no muere, queda infecundo; pero si muere, producirá mucho fruto. El que se ama a sí mismo, se pierde; el que se aborrece a sí mismo en este mundo, se asegura para la vida eterna.

"El que quiera servirme, que me siga, para que donde yo esté, también esté mi servidor. El que me sirve será honrado por mi Padre.

"Ahora que tengo miedo, ¿le voy a decir a mi Padre: 'Padre, líbrame de esta hora'? No, pues precisamente para esta hora he venido. Padre, dale gloria a tu nombre". Se oyó entonces una voz que decía: "Lo he glorificado y volveré a glorificarlo".

"De entre los que estaban ahí presentes y oyeron aquella voz, unos decían que había sido un trueno; otros, que le había hablado un ángel. Pero Jesús les dijo: "Esa voz no ha venido por mí, sino por ustedes. Está llegando el juicio de este mundo; ya va a ser arrojado el príncipe de este mundo. Cuando yo sea levantado de la tierra, atraeré a todos hacia mí". Dijo esto, indicando de qué manera habría de morir.

A UN PASO de la Semana Mayor, el tema no podría ser otro, sino el de la crucifixión, pero unido de forma inseparable al de la glorificación. Cristo nos habla de su muerte como del paso obligado a una mejor vida. Al compararlo con el grano de trigo que si no muere queda infecundo, pero al morir da mucho fruto, así también el sufrimiento y la muerte en este mundo son generadores de nuevas vidas.

Algo que a cada instante experimentamos es el morir de unos para dar vida a otros. Cada semilla depositada en la tierra, al morir, da paso a una nueva vida, brotando una nueva planta que al paso del tiempo puede multiplicar de forma considerable aquella semilla "perdida". En el plano sobrenatural, parece como si Cristo hubiera seguido un paralelo similar. Muere el justo para salvar a los pecadores.

Sufrimiento y glorificación se entremezclan de forma inseparable, como lo vivimos a diario en las luchas por la superación humana. ¿Quién en este mundo puede lograr algo si no es a base de esfuerzo y sacrificio? Cualquier persona que quiera ser alguien tiene que trabajar intensa y constantemente para lograr su objetivo. Si el atleta de corte internacional no se disciplina y entrena diariamente, no podrá superar las difíciles pruebas a que habrá de enfrentarse en las competencias mundiales; el universitario que no sea capaz de sacrificarse en sus estudios cumpliendo fielmente cada una de sus tareas y asistiendo a clases regularmente, difícilmente conseguirá su título, así como el profesionista que no se mantenga en constante investigación y actualización pronto puede quedar fuera de combate y no sobresalir en su campo.

Cristo mismo sufre al momento de llegar su hora y pide a Dios que aparte de él ese cáliz, pero termina aceptando la voluntad de Dios, aunque todo su organismo se resiste a padecer lo que le espera. La muerte siempre será un paso difícil y doloroso ordinariamente, sobre todo para quienes vivimos constantemente la experiencia del pecado en nuestras vidas, por la inseguridad de nuestro destino eterno. Pero hay que enfrentarla con valentía y con fe, sabiendo que Cristo mismo fue capaz de morir para que tuviéramos vida. Tenemos los casos de grandes santos que antes de temer a la muerte la han deseado, porque saben que es lo único que los separa de aquello para lo cual fuimos creados, que es gozar para siempre de Dios. ■

VIVIENDO NUESTRA FE

Curiosamente vivimos un contrasentido total en cuanto a los apetitos humanos. Cada persona enfrenta la tentación de la voracidad y la competencia por tener todo lo que el mundo ofrece. Envidiamos cada cosa que vemos que consiguen los demás. Queremos conseguir todas las seguridades posibles aquí en la tierra y difícilmente nos enteramos de que nuestro destino es gozar a plenitud de la posesión de Dios. Todas las cosas de este mundo juntas no son suficientes para satisfacer los apetitos de un solo ser humano. Nos podemos hartar de cuanto encontramos a nuestro paso y permanecer completamente vacíos. Sólo teniendo a Dios en nuestra vida encontraremos la respuesta a nuestras necesidades más profundas.

PREGUNTAS PARA REFLEXIONAR

1. ¿Has experimentado la felicidad de no necesitar de tantas cosas para ser feliz?

2. ¿Cuál es tu actitud cuando tienes que enfrentar momentos duros en tu vida?

3. ¿Has ayudado a los demás a sufrir con paciencia y encontrarle sentido al sufrimiento?

4. ¿Eres de los que piensan que es una estupidez sufrir en este mundo? ¿Por qué?

LECTURAS SEMANALES: Daniel 13:1-9, 15-17, 19-20, 33-62; Números 21:4-9; 3:14-20, 91-92, 95; Génesis 17:3-9; Jeremías 20:10-13; Ezequiel 37:21-28.

EVANGELIO

Marcos 11:1-10

Cuando Jesús y los suyos iban de camino a Jerusalén, al llegar a Betfagé y Betania, cerca del monte de los Olivos, les dijo a dos de sus discípulos: "Vayan al pueblo que ven allí enfrente; al entrar, encontrarán amarrado un burro que nadie ha montado todavía. Desátenlo y tráiganmelo. Si alguien les pregunta por qué lo hacen, contéstenle: 'El Señor lo necesita y lo devolverá pronto'".

Fueron y encontraron al burro en la calle, atado junto a una puerta, y lo desamarraron. Algunos de los que allí estaban les preguntaron: "¿Por qué sueltan al burro?" Ellos les contestaron lo que había dicho Jesús y ya nadie los molestó.

Llevaron el burro, le echaron encima los mantos y Jesús montó en él. Muchos extendían su manto en el camino, y otros lo tapizaban con ramas cortadas en el campo. Los que iban delante de Jesús y los que lo seguían, iban gritando vivas: "¡Hosanna! ¡Bendito el que viene en nombre del Señor! ¡Bendito el reino que llega, el reino de nuestro padre David! ¡Hosanna en el cielo!".

PRIMERA LECTURA

Isaías 50:4-7

En aquel entonces, dijo Isaías: "El Señor me ha dado una lengua experta, para que pueda confortar al abatido con palabras de aliento.

Mañana tras mañana, el Señor despierta mi oído, para que escuche yo, como discípulo. El Señor Dios me ha hecho oír sus palabras y yo no he opuesto resistencia ni me he echado para atrás. Ofrecí la espalda a los que me golpeaban, la mejilla a los que me tiraban de la barba. No aparté mi rostro de los insultos y salivazos. Pero el Señor me ayuda, por eso no quedaré confundido, por eso endureció mi rostro como roca y sé que no quedaré avergonzado".

SEGUNDA LECTURA

Filipenses 2:6-11

Cristo, siendo Dios, no consideró que debía aferrarse a las prerrogativas de su condición divina, sino que, por el contrario, se anonadó a sí mismo, tomando la condición de siervo, y se hizo semejante a los hombres. Así, hecho uno de ellos, se humilló a sí mismo y por obediencia aceptó incluso la muerte, y una muerte de cruz.

Por eso Dios lo exaltó sobre todas las cosas y le otorgó el nombre que está sobre todo nombre, para que, al nombre de Jesús, todos doblen la rodilla en el cielo, en la tierra y en los abismos, y todos reconozcan públicamente que Jesucristo es el Señor, para gloria de Dios Padre.

EVANGELIO

Marcos 14:1—15:47

Faltaban dos días para la fiesta de Pascua y de los panes Ázimos. Los sumos sacerdotes y los escribas andaban buscando una manera de apresar a Jesús a traición y darle muerte, pero decían:

— "No durante las fiestas, porque el pueblo podría amotinarse".

Estando Jesús sentado a la mesa, en casa de Simón el leproso, en Betania, llegó una mujer con un frasco de perfume muy caro, de nardo puro; quebró el frasco y derramó el perfume en la cabeza de Jesús. Algunos comentaron indignados:

— "¿A qué viene este derroche de perfume? Podría haberse vendido por más de trescientas denarios para dárselos a los pobres".

Y criticaban a la mujer; pero Jesús replicó:

—"Déjenla. ¿Por qué la molestan? Lo que ha hecho conmigo está bien, porque a los pobres los tienen siempre con ustedes y pueden socorrerlos cuando quieran; pero a mí no me tendrán siempre. Ella ha hecho lo que podía. Se ha adelantado a embalsamar mi cuerpo para la sepultura. Yo les aseguro que en cualquier parte del mundo donde se predique el Evangelio, se recordará también en su honor lo que ella ha hecho conmigo".

Judas Iscariote, uno de los Doce, se presentó a los sumos sacerdotes para entregarles a Jesús. Al oírlo, se alegraron y le prometieron dinero; y él andaba buscando una buena ocasión para entregarlo. El primer día de la fiesta de los panes Ázimos, cuando se sacrificaba el cordero pascual, le preguntaron a Jesús sus discípulos:

— "¿Dónde quieres que vayamos a prepararte la cena de Pascua?"

Él les dijo a dos de ellos:

— "Vayan a la ciudad. Encontrarán a un hombre que lleva un cántaro de agua; síganlo, díganle al dueño de la casa en donde entre: 'El Maestro manda preguntar: ¿Dónde está la habitación en que voy a comer la Pascua con mis discípulos? ' Él les enseñará una sala en el segundo piso, arreglada con divanes. Prepárennos allí la cena".

Los discípulos se fueron, llegaron a la ciudad, encontraron lo que Jesús les había dicho y prepararon la cena de Pascua. Al atardecer, llegó Jesús con los Doce. Estando a la mesa, cenando, les dijo:

— "Yo les aseguro que uno de ustedes, uno que está comiendo conmigo, me va entregar".

Ellos, consternados, empezaron a preguntarle uno tras otro:

— "¿Soy yo?"

Él respondió:

— "Uno de los Doce, alguien que moja su pan en el mismo plato que yo. El Hijo del hombre va a morir, como está escrito: pero, ¡ay del que va a entregar al Hijo del hombre! ¡Más le valiera no haber nacido!"

Mientras cenaban, Jesús tomó un pan y, pronunció la bendición, lo partió y se lo dio a sus discípulos, diciendo:

— "Tomen: esto es mi cuerpo".

Y tomando en sus manos una copa de vino, pronunció la acción de gracias, se la dio, todos bebieron y les dijo:

— "Ésta es mi sangre, sangre de la alianza, que se derrama por todos. Yo les aseguro que no volveré a beber del fruto de la vid hasta el día en que beba el vino nuevo en el Reino de Dios".

Después de cantar el himno, salieron hacia el monte de los Olivos y Jesús les dijo:

— "Todos ustedes se van a escandalizar por mi causa, como está escrito: 'Heriré al pastor y se dispersarán las ovejas'; pero cuando resucite, iré por delante de ustedes a Galilea".

Pedro replicó:

— "Aunque todos se escandalicen, yo no".

Jesús le contestó:

— "Yo te aseguro que hoy, esta misma noche, antes de que el gallo cante dos veces, tú me negarás tres".

Pero él insistía:

— "Aunque tenga que morir contigo, no te negaré".

Y los demás decían lo mismo. Fueron luego a un huerto, llamado Getsemaní, y Jesús dijo a sus discípulos:

— "Siéntense aquí mientras hago oración".

Se llevó a Pedro, a Santiago y a Juan, y empezó a sentir temor y angustia, y les dijo:

— "Tengo el alma llena de una tristeza mortal. Quédense aquí, velando".

Se adelantó un poco, se postró en tierra y pedía que, si era posible, se alejara de él aquella hora. Decía:

— "Padre, tú lo puedes todo: aparta de mí este cáliz. Pero que no se haga lo que yo quiero, sino lo que quieras tú".

Volvió a donde estaban los discípulos, y al encontrarlos dormidos, dijo a Pedro:

— "Simón, ¿estás dormido? ¿No has podido velar ni una hora? Velen y oren, para que no caigan en la tentación. El espíritu está pronto, pero la carne es débil".

De nuevo se retiró y se puso a orar, repitiendo las mismas palabras. Volvió y otra vez los encontró dormidos, porque tenían los ojos cargados de sueño; por eso no sabían qué contestarle. Él les dijo:

— "Ya pueden dormir y descansar. ¡Basta! Ha llegado la hora. Miren que el Hijo del hombre va a ser entregado en manos de los pecadores. ¡Levántense! ¡Vamos! Ya está cerca el traidor".

Todavía estaba hablando, cuando se presentó Judas, uno de los Doce, y con él, gente con espadas y palos, enviada por los sacerdotes, los escribas y los ancianos. El traidor les había dado una contraseña, diciéndoles:

— "Al que yo bese, ése es. Deténganlo y llévenlo bien sujeto".

Llegó, se acercó y le dijo:

— "Maestro".

Y lo besó. Ellos le echaron mano y lo apresaron. Pero uno de los presentes desenvainó la espada y de un golpe le cortó la oreja a un criado del sumo sacerdote. Jesús tomó la palabra y les dijo:

— "¿Salieron ustedes a apresarme con espadas y palos, como si se tratara de un bandido? Todos los días he estado entre ustedes, enseñando en el templo y no me han apresado. Pero así tenía que ser para que se cumplieran las Escrituras".

Todos lo abandonaron y huyeron. Lo iba siguiendo un muchacho, envuelto nada más con una sábana, y lo detuvieron; pero él soltó la sábana, huyó y se les escapó desnudo.

Condujeron a Jesús a casa del sumo sacerdote y se reunieron todos los pontífices, los escribas, y los ancianos. Pedro lo fue siguiendo de lejos, hasta el interior del patio del sumo sacerdote, y se sentó con los criados, cerca de la lumbre, para calentarse. Los sumos sacerdotes y el sanedrín en pleno buscaban una acusación contra Jesús para condenarlo a muerte y no la

encontraban. Pues, aunque muchos presentaban falsas acusaciones contra él, los testimonios no concordaban. Hubo unos que se pusieron de pie y dijeron:

— "Nosotros lo hemos oído decir: 'Yo destruiré este templo edificado por hombres, y en tres días construiré otro, no edificado por hombres'".

Pero ni aun en esto concordaba su testimonio. Entonces el sumo sacerdote se puso de pie y le preguntó a Jesús:

— "¿No tienes nada que responder a todas esas acusaciones?"

Pero él no le respondió nada. El sumo sacerdote le volvió a preguntar:

— "¿Eres tú el Mesías, el Hijo de Dios bendito?"

Jesús contestó:

— "Sí lo soy. Y un día verán cómo el Hijo del hombre está sentado a la derecha del Todopoderoso y cómo viene entre las nubes del cielo".

El sumo sacerdote se rasgó las vestiduras exclamando:

— "¿Qué falta hacen ya más testigos? Ustedes mismos han oído la blasfemia. ¿Qué les parece?"

Y todos lo declararon reo de muerte. Algunos se pusieron a escupirle, y tapándole la cara, lo abofeteaban y le decían:

— "Adivina quién fue".

Y los criados también le daban de bofetadas.

Mientras tanto, Pedro estaba abajo, en el patio. Llegó una criada del sumo sacerdote, al ver a Pedro calentándose, lo miró fijamente y le dijo:

—"Tú también andabas con Jesús Nazareno".

Él lo negó, diciendo:

— "Ni sé ni entiendo lo que quieres decir".

Salió afuera hacia el zaguán, y un gallo cantó. La criada al verlo, se puso de nuevo a decir a los presentes:

— "Éste es uno de ellos".

Pero él volvió a negar. Al poco rato, también los presentes dijeron a Pedro:

— "Claro que eres uno de ellos, pues eres galileo".

Pero él se puso a echar maldiciones y a jurar:

— "No conozco a ese hombre del que hablan".

En seguida cantó un gallo por segunda vez. Pedro se acordó entonces de las palabras que le había dicho Jesús: 'Antes que el gallo cante dos veces, tú me habrás negado tres', y rompió a llorar.

Luego que amaneció, se reunieron los sumos sacerdotes con los ancianos, los escribas y el sanedrín en pleno, para deliberar. Ataron a Jesús, se lo llevaron y lo entregaron a Pilato. Éste le preguntó:

— "¿Eres tú el rey de los judíos?"

Él respondió:

— "Sí lo soy".

Los sumos sacerdotes lo acusaban de muchas cosas. Pilato le preguntó de nuevo:

— "¿No contestas nada? Mira de cuántas cosas te acusan".

Jesús ya no le contestó nada, de modo que Pilato estaba muy extrañado.

Durante la fiesta de Pascua, Pilato solía soltarles al preso que pidieran. Estaba entonces en la cárcel un tal Barrabás, con los revoltosos que habían cometido un homicidio en un motín. Vino la gente y empezó a pedir el indulto de costumbre. Pilato les dijo:

— "¿Quieren que les suelte al rey de los judíos?"

Porque sabía que los sumos sacerdotes se lo habían entregado por envidia. Pero los sumos sacerdotes incitaron a la gente para que pidieran la libertad de Barrabás. Pilato les volvió a preguntar:

— "¿Y qué voy a hacer con el que llaman rey de los judíos?"

Ellos gritaron:

— "¡Crucifícalo!"

Pilato les dijo:

— "Pues ¿qué mal ha hecho?"

Ellos gritaron más fuerte:

— "¡Crucifícalo!"

Pilato, queriendo dar gusto a la multitud, les soltó a Barrabás; y a Jesús, después de mandarlo azotar, lo entregó para que crucificaran. Los soldados se lo llevaron al interior del palacio, al pretorio, y reunieron a todo el batallón. Lo vistieron con un manto de color púrpura, y le pusieron una corona de espinas que habían trenzado, y comenzaron a burlarse de él, dirigiéndole este saludo:

— "¡Viva el rey de los judíos!"

Le golpeaban la cabeza con una caña, le escupían y, doblando las rodillas, se postraban ante él. Terminadas las burlas, le quitaron aquel manto de color púrpura, le pusieron su ropa y lo sacaron para crucificarlo. Entonces forzaron a cargar la cruz a un individuo que pasaba por ahí de regreso del campo, Simón de Cirene, padre de Alejandro y de Rufo, y llevaron a Jesús al Gólgota (que quiere decir "lugar de la Calavera"). Le ofrecieron vino con mirra, pero él no lo aceptó. Lo crucificaron y se repartieron sus ropas, echando suertes para ver qué le tocaba a cada uno.

Era media mañana cuando lo crucificaron. En el letrero de la acusación estaba escrito: "El rey de los judíos".

Crucificaron con él a dos bandidos, uno a su derecha y otro a su izquierda. Así se cumplió la Escritura que dice: "Fue contado entre los malhechores". Los que pasaban por ahí lo injuriaban meneando la cabeza y gritándole:

— "¡Anda! Tú, que destruías el templo y lo reconstruías en tres días, sálvate a ti mismo y baja de la cruz".

Los sumos sacerdotes se burlaban también de él y le decían:

— "Has salvado a otros, pero a sí mismo no se puede salvar. Que ese Mesías, el rey de Israel, baje ahora de la cruz, para que lo veamos y creamos".

Hasta los que estaban crucificados con él también lo insultaban. Al llegar el mediodía, toda aquella tierra se quedó en tinieblas hasta las tres de la tarde. Y a las tres, Jesús gritó con voz potente:

— "*Eloí, Eloí, ¿lemá sabactaní,*" (que significa: Dios mío, Dios mío, ¿por qué me has abandonado?) Algunos de los presentes, al oírlo, decían:

— "Miren, está llamando a Elías".

Uno corrió a empapar una esponja en vinagre, la sujetó a un carrizo y se la acercó para que bebiera, diciendo:

— "Vamos a ver si viene Elías a bajarlo".

Pero Jesús, dando un fuerte grito, expiró.

[Todos se arrodillan y guardan silencio por unos instantes.]

Entonces el velo del templo se rasgó en dos, de arriba abajo. El oficial romano que estaba frente a Jesús, al ver cómo había expirado, dijo:

— "De veras este hombre era Hijo de Dios".

Había también ahí unas mujeres que estaban mirando todo desde lejos; entre ellas, María Magdalena, María, (la madre de Santiago el menor y de José) y Salomé, que cuando Jesús estaba en Galilea, lo seguían para atenderlo; y además de ellas, otras muchas que habían venido con él a Jerusalén.

Al anochecer, como era el día de la preparación, víspera del sábado, vino José de Arimatea, miembro distinguido del sanedrín, que también esperaba el Reino de Dios. Se presentó con valor ante Pilato y le pidió el cuerpo de Jesús. Pilato se extrañó de que ya hubiera muerto, y llamando al oficial, le preguntó si hacía mucho tiempo que había muerto. Informado por el oficial, concedió el cadáver a José. Este compró una sábana, bajó el cadáver, y lo envolvió en la sábana y lo puso en un sepulcro excavado en una roca y tapó con una piedra la entrada del sepulcro. María Magdalena y María, madre de José, se fijaron en dónde lo ponían.

 **PARA QUIENES** nos quejamos de que las cosas no caminan bien, tenemos en la pasión del Señor uno de los ejemplos más vivos de lo que es sufrir una injusticia. Todas las quejas y lamentos juntos no serían suficientes para integrarlos a este hecho tan vergonzoso y doloroso. La aventura de Jesús inicia con el edicto de césar Augusto, que obliga a José y María a ir a Belén a empadronarse.

En cuanto da comienzo a su vida pública, se llena de enemigos porque no soportan que los presente ante la gente como hipócritas y mentirosos. Judas mismo no pudo resistir la tentación de la plata y por unas cuantas monedas traiciona a su maestro.

En este mundo todos nos quejamos de injusticias por parte de los jueces que fácilmente se venden ante el mejor postor, dejando a un lado su compromiso con la justicia. Nos encontramos en las cárceles mucha gente que no debe nada o que son acusadas por cosas insignificantes, y que se les cierran las puertas para librarse de sus cadenas, porque alguna persona, por odio, rencor o venganza, soborna a los jueces y se hace propiamente imposible lograr la libertad. Por el contrario, encontramos en las calles a grandes señores de la criminalidad e injusticia con el mayor descaro y desvergüenza. Todo mundo sabe de sus crímenes y maldades, pero no hay juez que se arriesgue a declararlos culpables. Esto es injusto.

Jesús, luego de la traición, es llevado a juicio ante un poder pagano, y no obstante que Pilato reconoce públicamente su inocencia, por temor a perder su cargo no tiene el valor de dejar en libertad a Jesús.

Más tarde, con la sentencia encima y la aprobación de las autoridades, los soldados se divierten con Cristo y hacen lo que hacen con muchos de los reos: lo torturan sin razón y motivo. Ya en la cruz todos se burlan de él y lo menosprecian. Nos sorprende la mansedumbre de Jesús y el poder para resistir tanta injusticia y atropello, sobre todo de parte de aquellos por los que él mismo estaba ofrendando su vida. En su desesperación, muchos de los reos se lanzan contra sus verdugos o torturadores sin importarles que los maten, pero al menos quieren defender su dignidad y que se les traten como personas. Cristo, como cordero al matadero, no opuso resistencia, sino que expuso claramente su punto de vista, aunque al mismo tiempo no buscó defensa. ■

VIVIENDO NUESTRA FE

Cristo sigue siendo un ejemplo a seguir. Para seguirlo se requiere una paciencia enorme y una fe muy grande para soportar las injusticias que vendrán. Sólo la esperanza en la justicia divina nos dará la fuerza necesaria para seguir caminando. Hay injusticias que sin la ayuda de Dios no se pueden resistir. Y por ir en contra de las personas, tales injusticias van en contra de Dios, son pecado, y como tales debemos denunciarlas. ¿Por qué hay tantos políticos, profesionistas y servidores que son católicos pero no actúan como tales? Además, dejan mucho qué desear, pues con el mayor descaro hacen de su profesión un asqueroso negocio. Hay muchas ocasiones en que los no católicos nos dan un ejemplo más contundente de la justicia.

PREGUNTAS PARA REFLEXIONAR

1, ¿Qué enseñanzas te deja la lectura de la pasión?

2, ¿Cuál es tu juicio con respecto a la actitud de Judas?

3, ¿Qué piensas de las autoridades religiosas del tiempo de Jesús?

4, ¿Crees que los católicos actúen congruentemente con su fe en su vida diaria?

LECTURAS SEMANALES: Isaías 42:1–7; 49:1–6; 50:4–9a.

TRIDUO PASCUAL

S a l m o 9 1

1– 6, 8 –11, 14 –16

Tú que habitas al amparo del altísimo,
a la sombra del todopoderoso,
dile al Señor: mi amparo, mi refugio
en ti, mi Dios, yo pongo mi confianza.

Él te libra del lazo
del cazador que busca destruirte;
te cubre con sus alas
y será su plumaje tu refugio.

No temerás los miedos de la noche
ni la flecha disparada de día,
ni la peste que avanza en las tinieblas
ni la plaga que azota a pleno sol.

Aunque caigan mil hombres a tu lado
y diez mil a tu diestra,
tú permaneces fuera de peligro;
su lealtad te escuda y te protege.

Basta que tengas tus ojos abiertos
y verás el castigo del impío
tú que dices: "mi amparo es el Señor"
y que haces del Altísimo tu asilo.

No podrá la desgracia dominarte
ni la plaga acercarse a tu morada:
pues ha dado a sus ángeles la orden
de protegerte en todos tus caminos.

En sus manos te habrán de sostener
para que no tropiece
tu pie en alguna piedra;
andarás sobre víboras y leones
y pisarás cachorros y dragones.

"Pues a mí se acogió, lo libraré,
lo protegeré, pues mi nombre conoció.
Me llamará, yo le responderé
y estaré con él en la desgracia.

Lo salvaré y lo enalteceré.
Lo saciaré de días numerosos
y haré que pueda ver mi salvación.

JUEVES SANTO

**17 DE ABRIL DE 2003.** En este día Cristo nos deja la prueba más grande de su amor. En el instante mismo en que Judas ya había planeado su entrega y Jesús se queda para siempre con nosotros. Sabía que su presencia en medio de la Iglesia que estaba por nacer era lo esencial, y lo hace recordando (como judío que era) la noche en la que Dios liberó a su pueblo de una esclavitud espantosa. Sólo Dios, que conocía perfectamente su obra, era capaz de semejante hazaña. Sabía que la humanidad sin su apoyo estaría irremisiblemente perdida; por eso, se da a la tarea de encontrar un camino para permanecer por siempre con nosotros.

La noche del Jueves Santo es la noche eucarística por excelencia; podríamos decir que es la "eucaristía madre" de toda la Iglesia, aunque teológicamente todas las eucaristías son iguales en su valor. Es la preparación a la Pascua judía; la liturgia de hoy nos prepara para la celebración de la Pascua definitiva: la entrada al octavo día de la creación y a la eternidad de Dios que resucita a Jesucristo. La cena pascual de Jesús con sus discípulos se da en un ambiente de servicio: antes de partir el pan, Jesús reafirma su presencia en medio de ellos "como el que sirve", y lo hace desempeñando una función propia de los esclavos: lava los pies de sus acompañantes, aun de quien lo traicionaría esa misma noche. En el mismo contexto, reafirma el amor con un mandamiento nuevo: el amarse los unos a los otros. Por ello, los apóstoles no tuvieron problema en entender la caridad y el servicio, pues lo habían experimentado directamente de Jesús.

En este testamento de amor y servicio, Jesús pide que continuemos haciendo lo mismo en memoria suya. Y desde entonces, como Iglesia hemos cumplido este mandato de Jesús.

VIERNES SANTO

18 DE ABRIL DE 2003. El Viernes Santo, por una tradición muy antigua, se suspende la celebración de la eucaristía como signo de duelo; los templos se desnudan de todo ornato, se callan las campanas y desaparecen las flores. Un silencio de respeto y de luto reina en la Iglesia, como la semilla sepultada en el surco en espera de su nacimiento. Todo está preparado para dar ese paso de la muerte a la vida, de la oscuridad a la luz, de la mentira a la verdad. La lectura de la pasión debe llevarnos a una reflexión profunda sobre los errores que nosotros mismos podemos cometer, al igual que tantos otros que se han cometido en la historia de la humanidad.

Nuevamente, la liturgia es muy rica en sus símbolos: la ambientación es tan austera que nos impregna del espíritu del día: silencio, ayuno, sacrificio, cruz y muerte. Hoy adoramos la cruz no como algo fatal, sino como camino hacia la verdadera libertad. Oramos por todas las necesidades del mundo, por nuestros gobiernos, por la Iglesia, por sus líderes y por el pueblo judío. Es a través de la cruz de Cristo que nos hacemos solidarios con todos los demás, pues su muerte trajo la vida a todos.

El día de hoy es quizá el día céntrico de las expresiones de la piedad popular. El pueblo manifiesta su desmedido amor por Dios a través de diferentes prácticas que toman parte en el contexto de toda la liturgia: el viacrucis viviente, las siete palabras, el rosario de pésame, la ceremonia del santo entierro y la marcha del silencio. Éstas son oportunidades ideales para adentrarnos en la teología popular, cuya base se encuentra precisamente en las prácticas religiosas más que en los libros de teología que están en las bibliotecas.

VIGILIA PASCUAL

19 DE ABRIL DE 2003. La Pascua siempre coincide con la primera luna llena de primavera; hasta la misma naturaleza testifica la nueva vida que Cristo ha ganado para nosotros. Esto es un recuerdo de la marcha de Israel por el desierto, pues saldrían de noche y, a la luz de la luna llena, caminarían hacia la libertad. Tanto la historia del pasado como el momento presente se conjugan en la experiencia de la resurrección que celebramos esta noche. Hoy, después de haber guardado silencio durante el tiempo necesario marcado por los cuarenta días, como Iglesia rompemos el silencio con el canto victorioso de la resurrección.

La liturgia lo marca con los símbolos: el fuego nuevo, por el cual se bendice el cirio pascual que nos recordará cada domingo, especialmente durante la Pascua, la presencia de Cristo resucitado, de Cristo como luz del mundo. Este rito de bendición del cirio pascual es el más antiguo de la Iglesia.

La liturgia de la palabra constituye un recorrido fantástico a la historia de la salvación. Esta noche en la Iglesia primitiva se tenía la última instrucción catequética para quienes serían admitidos en la comunidad de los bautizados en Cristo. Por ello las lecturas, cuya tradición hemos seguido desde el siglo II, reflejan un alto contenido catequético. Si el día de ayer recordamos el sacrificio de Cristo en la cruz, hoy, por medio de las lecturas, escuchamos una vez más las historias de nuestra formación como pueblo de Dios y celebramos no un sacrificio, sino la victoria eterna.

Esta noche en la Iglesia primitiva se bendecía el agua bautismal; quienes recibían el bautismo inmediatamente se revestían de blanco y esa vestidura la llevaban durante siete días, hasta llegar al *dominica in albis* (domingo de las vestiduras blancas). Ahora, esta noche se bautiza a los catecúmenos y se les incluye en la plenitud de la Iglesia, que es enteramente liturgia bautismal de confirmación y eucaristía de los nuevos conversos al cristianismo.

La liturgia de esta noche es el centro de todo el año litúrgico; es esta noche la que dará sentido a las diversas estaciones que la Iglesia celebra a lo largo del año.

PASCUA

S a l m o 1 1 8

1–2, 13–14, 17–18, 22–27

Den gracias al Señor, pues Él es bueno,
pues su bondad perdura para siempre.
Que lo diga la gente de Israel:
su bondad es eterna.

Me empujaron con fuerza
para verme en el suelo,
pero acudió el Señor a socorrerme.

El Señor es mi fuerza
y es por él que yo canto;
ha sido para mí la salvación.

No, no moriré, mas yo viviré
para contar las obras del Señor.
Con razón el Señor me ha castigado,
pero no permitió que muriera.

La piedra que dejaron los maestros
se convirtió en la piedra principal:
ésta es la obra de Dios,
es una maravilla a nuestros ojos.
Éste es el día que ha hecho el Señor,
gocemos y alegrémonos en él.
Danos, Señor, danos la salvación,
danos Señor, danos prosperidad.
"Bendito sea el que viene
en el nombre del Señor,
nosotros los bendecimos
desde la Casa de Dios.
El Señor es Dios, él nos ilumina".

20 DE ABRIL DE 2003

PRIMERA LECTURA

Hechos 10:34, 37-43

En aquellos días, Pedro tomó la palabra y dijo: "Ya saben ustedes lo sucedido en toda Judea, que tuvo principio en Galilea, después del bautismo predicado por Juan: cómo Dios ungió con el poder del Espíritu Santo a Jesús de Nazaret y cómo éste pasó haciendo el bien, sanando a todos los oprimidos por el diablo, porque Dios estaba con él.

"Nosotros somos testigos de cuanto él hizo en Judea y en Jerusalén. Lo mataron colgándolo de la cruz, pero Dios lo resucitó al tercer día y concedió verlo, no a todo el pueblo, sino únicamente a los testigos que él, de antemano, había escogido: a nosotros, que hemos comido y bebido con él después de que resucitó de entre los muertos.

"Él nos mandó predicar al pueblo y dar testimonio de que Dios lo ha constituido juez de vivos y muertos. El testimonio de los profetas es unánime: que cuantos creen en él reciben, por su medio, el perdón de los pecados".

SEGUNDA LECTURA

Colosenses 3:1-4

Hermanos: Puesto que ustedes han resucitado con Cristo, busquen los bienes de arriba, donde está Cristo, sentado a la derecha de Dios. Pongan todo el corazón en los bienes del cielo, no en los de la tierra, porque han muerto y su vida está escondida con Cristo en Dios. Cuando se manifieste Cristo, vida de ustedes, entonces también ustedes se manifestarán gloriosos, juntamente con él.

EVANGELIO

Juan 20:1-9

El primer día después del sábado, estando todavía oscuro, fue María Magdalena al sepucro y vio removida la piedra que lo cerraba. Echó a correr, llegó a la casa donde estaban Simón Pedro y el otro discípulo, a quien Jesús amaba, y les dijo: "Se han llevado del sepulcro al Señor y no sabemos dónde lo habrán puesto".

Salieron Pedro y el otro discípulo camino del sepulcro. Los dos iban corriendo juntos, pero el otro discípulo corrió más aprisa que Pedro y llegó primero al sepulcro, e inclinándose, miró los lienzos puestos en el suelo, pero no entró.

En eso llegó también Simón Pedro, que lo venía siguiendo, y entró en el sepulcro. Contempló los lienzos puestos en el suelo y el sudario, que había estado sobre la cabeza de Jesús, puesto no con los lienzos en el suelo, sino doblado en sitio aparte. Entonces entró también el otro discípulo, el que había llegado primero al sepulcro, y vio y creyó, porque hasta entonces no habían entendido las Escrituras, según las cuales Jesús debía resucitar de entre los muertos.

 **CREER EN** la resurrección no fue algo sencillo; se necesitó de un verdadero proceso para que esta verdad fuera poco a poco asimilada y aceptada, tanto por los apóstoles como por los discípulos.

Cuando María Magdalena madruga el domingo para ir a embalsamar el cuerpo de Cristo, nos dice con su actitud que no había comprendido nada de la resurrección. Ella va con el propósito firme de terminar una obra que había dejado a medias: como el viernes por la tarde era víspera de la gran fiesta de los judíos, tuvieron que embalsamar de prisa el cuerpo y sepultarlo lo antes posible. Por eso, a las primeras horas del domingo, va con toda la intención de terminar el trabajo iniciado.

Corre a llevar la noticia de que se han robado a su Señor. Todos ignoraban lo anunciado por Jesús; los mismos apóstoles dan pruebas claras de que no habían entendido lo que sería la resurrección. Pedro y Juan, ante la noticia de la Magdalena, salen corriendo para comprobar lo que han escuchado y comenzar a buscar el cuerpo de Jesús.

Tomás, ante la insistencia de sus compañeros, rechaza la noticia y exige pruebas. El mismo Cristo necesita hacerse presente para ofrecer tales pruebas. Tomás hace una extraordinaria profesión de fe: Señor mío y Dios mío.

Cristo debe seguir apareciéndose a sus apóstoles y discípulos para darles confianza en su resurrección, ya que será la prueba definitiva de su divinidad. Pablo nos dirá que sin la resurrección nada tiene sentido. La resurrección es el triunfo definitivo; por eso, el cristiano puede ser capaz de resistir las más graves injusticias, dolores y males que le sobrevengan incluida la misma muerte, pues sabe que al final de todo viene el triunfo definitivo con Cristo y que la gloria que nos espera no tiene comparación con lo que aquí hayamos de sufrir.

Desde luego que debemos luchar para construir nuestro cielo desde aquí en la tierra, trabajando porque haya paz y armonía en cada una de las familias, y porque haya justicia y amor en cada relación humana. Pero a la vez tenemos que ser conscientes de que muchas veces tendremos que sufrir injusticias y maldades de nuestros semejantes porque Dios nos ha creado libres y, con ello, nos permite obrar según nuestra voluntad, aunque eventualmente obremos mal. ∎

VIVIENDO NUESTRA FE

Las injusticias hacen que muchas personas en este mundo lleguen incluso a perder la cabeza y terminen como animalitos vagabundos por las calles y caminos, comiendo lo que les dé la gente y durmiendo donde se les hace hora. Es más, en algunos casos llegan a creerse endemoniados o poseídos por el demonio, pero son simples víctimas de la maldad humana. Para todos ellos vendrá el día de la justicia y se levantarán como faros que deslumbrarán la mirada de los impíos. Entonces los justos llorarán de alegría y los malvados de desesperación porque todas sus culpas serán castigadas.

PREGUNTAS PARA REFLEXIONAR

1. ¿Qué haces cuando las cosas no te sonríen en este mundo?

2. ¿Qué te parece la actitud de María Magdalena?

3. ¿Qué significa para ti el ver corriendo a Pedro y Juan hacia el sepulcro?

4. ¿Sabes dar confianza, valor y esperanza a las personas cuando sufren?

5. ¿Qué sientes cuando ves triunfar a los malvados en este mundo?

LECTURAS SEMANALES: Hechos 10:34a, 37–43; 2:14, 22–33; 2:36–41; 3:1–10; 3:11–26.

PRIMERA LECTURA

Hechos 4:32-35

La multitud de los que habían creído tenía un solo corazón y una sola alma; todo lo poseían en común y nadie consideraba suyo nada de lo que tenía.

Con grandes muestras de poder, los apóstoles daban testimonio de la resurrección del Señor Jesús y todos gozaban de gran estimación entre el pueblo. Ninguno pasaba necesidad, pues los que poseían terrenos o casas, los vendían, llevaban el dinero y lo ponían a disposición de los apóstoles, y luego se distribuía según lo que necesitaba cada uno.

SEGUNDA LECTURA

1 Juan 5:1-6

Queridos hermanos: Todo el que cree que Jesús es el Mesías, ha nacido de Dios. Todo el que ama a un padre, ama también a los hijos de éste. Conocemos que amamos a los hijos de Dios, en que amamos a Dios y cumplimos sus mandamientos, pues el amor de Dios consiste en que cumplamos sus preceptos. Y sus mandamientos no son pesados, porque todo el que ha nacido de Dios vence al mundo. Y nuestra fe es la que nos ha dado la victoria sobre el mundo. Porque, ¿quién es el que vence al mundo? Sólo el que cree que Jesús es el Hijo de Dios.

Jesucristo es el que se manifestó por medio del agua y de la sangre; él vino, no sólo con agua, sino con agua y con sangre. Y el Espíritu es el que da testimonio, porque el Espíritu es la verdad.

EVANGELIO

Juan 20:19-31

Al anochecer del día de la resurrección, estando cerradas las puertas de la casa donde se hallaban los discípulos, por miedo a los judíos, se presentó Jesús en medio de ellos y les dijo: "La paz esté con ustedes". Dicho esto, les mostró las manos y el costado. Cuando los discípulos vieron al Señor, se llenaron de alegría.

De nuevo les dijo Jesús: "La paz esté con ustedes. Como el Padre me ha enviado, así también los envío yo". Después de decir esto, sopló sobre ellos y les dijo: "Reciban al Espíritu Santo. A los que les perdonen los pecados, les quedarán perdonados; y a los que no se los perdonen, les quedarán sin perdonar".

Tomás, uno de los Doce, a quien llamaban el Gemelo, no estaba con ellos cuando vino Jesús, y los otros discípulos le decían: "Hemos visto al Señor". Pero él les contestó: "Si no veo en sus manos la señal de los clavos y si no meto mi dedo en los agujeros de los clavos y no meto mi mano en su costado, no creeré". Ocho días después, estaban reunidos los discípulos a puerta cerrada y Tomás estaba con ellos. Jesús se presentó de nuevo en medio de ellos y les dijo: "La paz esté con ustedes".

Luego le dijo a Tomás: "Aquí están mis manos; acerca tu dedo. Trae acá tu mano, métela en mi costado y no sigas dudando, sino cree". Tomás le respondió: "¡Señor mío y Dios mío!" Jesús añadió: "Tú crees porque me has visto; dichosos los que creen sin haber visto".

Otras muchas señales milagrosas hizo Jesús en presencia de sus discípulos, pero no están escritas en este libro. Se escribieron éstas para que ustedes crean que Jesús es el Mesías, el Hijo de Dios, y para que, creyendo, tengan vida en su nombre.

LA MISMA noche de la resurrección, Jesús desea ahuyentar de los once cualquier tipo de dudas; de igual forma, busca hacerlo con sus colaboradores más cercanos. Lo hace en relación a su nueva identidad. Durante su vida pública ya lo había hecho, pero ahora quiere dejar en claro que no es un fantasma o una aparición casual, que sigue teniendo su mismo cuerpo y las mismas llagas, sólo que ahora puede tocarlas desde una experiencia diferente. Al hacerse presente en medio de ellos, sin necesidad de entrar por la puerta, deja en claro que es Dios y, junto a eso, extiende el deseo de paz.

Los apóstoles y quienes les acompañaban estaban encerrados por miedo a que les pasara lo mismo que a Jesús; de hecho, ésa era la posibilidad más cercana. Les habían arrancado a su maestro y guía. Ahora, ese maestro y guía les da la fuerza necesaria para que inicien la nueva etapa de la misión que ya les había encomendado. Al ver a Cristo triunfante, renace la confianza y, curiosamente, empiezan a comprender lo que antes no habían podido comprender. Juan hace notar el detalle con las Escrituras, según las cuales Jesús había de resucitar de entre los muertos. Jesús mismo ya les había aclarado que sucedería; sin embargo, sus ojos y su corazón habían estado cerrados a ese mensaje.

El Cristo resucitado de entre los muertos se presenta a sus apóstoles para borrar por completo cualquier clase de duda con respecto a su resurrección y para pedirles que lo anuncien en toda Judea. Tomás, el que no creía, ha terminado reconociendo la verdadera identidad de Jesús, como Señor y Dios. Luego, dar a conocer a todos los pueblos que Jesús es Dios y Señor será su tarea.

Lo importante para los cristianos no es que seguimos el pensamiento o las ideas de un personaje grande de la historia, sino que seguimos a un Cristo vivo, que sigue presente en medio de nosotros, que ha resucitado victorioso y triunfante de la muerte. ■

VIVIENDO NUESTRA FE

La fe en la resurrección de Cristo debe levantar el entusiasmo y la confianza en cada persona. Sabemos que no seguimos a un personaje de la historia que ya murió; y sabemos también que nos dejó como herencia una gran doctrina y rasgos grandes de su sabiduría. Para el cristiano tomar conciencia de la resurrección de Cristo es lo mismo que reconocer que no seguimos a un ser fracasado y aniquilado, sino antes bien a alguien que logró el máximo triunfo que se pueda lograr sobre este mundo. Cristo ha vencido al pecado y a la muerte; esto es lo grandioso de su misión y mensaje. Cristo ha implantado su Reino en la tierra porque fue capaz de no ceder ante las insidias del maligno, porque lo venció en todos los campos y porque en el Reino de Cristo sólo habrá lugar para los vencedores del pecado.

PREGUNTAS PARA REFLEXIONAR

1. ¿Cómo entra Cristo al cenáculo si las puertas están cerradas y él no es un fantasma?

2. ¿Qué te parece la actitud de Tomás? ¿Qué opinas de su afirmación?

3. ¿Ayuda en algo a tu fe que santo Tomás haya pedido incluso tocar a Cristo?

LECTURAS SEMANALES: Hechos 4:23–31; 4:32–37; 5:17–26; 5:27–33; 5:34–42; 1 Corintios 15:1–8.

PRIMERA LECTURA

Hechos 3:13–15, 17–19

En aquellos días, Pedro tomó la palabra y dijo: "El Dios de Abraham, de Isaac y de Jacob, el Dios de nuestros padres, ha glorificado a su siervo Jesús, a quien ustedes entregaron a Pilato, y a quien rechazaron en su presencia, cuando él ya había decidido ponerlo en libertad. Rechazaron al santo, al justo, y pidieron el indulto de un asesino; han dado muerte al autor de la vida, pero Dios lo resucitó de entre los muertos y de ello nosotros somos testigos.

"Ahora bien, hermanos, yo sé que ustedes han obrado por ignorancia, de la misma manera que sus jefes; pero Dios cumplió así lo que había predicho por boca de los profetas: que su Mesías tenía que padecer. Por lo tanto, arrepiéntanse y conviértanse para que se les perdonen sus pecados".

SEGUNDA LECTURA

1 Juan 2:1–5

Hijitos míos: Les escribo esto para que no pequen. Pero, si alguien peca, tenemos como intercesor ante el Padre, a Jesucristo, el justo. Porque él se ofreció como víctima de expiación por nuestros pecados, y no sólo por los nuestros, sino por los del mundo entero.

En esto tenemos una prueba de que conocemos a Dios: en que cumplimos sus mandamientos. Quien dice: "Yo lo conozco", pero no cumple sus mandamientos, es un mentiroso y la verdad no está en él. Pero en aquel que cumple su palabra, el amor de Dios ha llegado a su plenitud, y precisamente en esto conocemos que estamos unidos a él.

EVANGELIO

Lucas 24:35–48

Cuando los dos discípulos regresaron de Emaús y llegaron al sitio donde estaban reunidos los apóstoles, les contaron lo que les había pasado por el camino y cómo habían reconocido a Jesús al partir el pan.

Mientras hablaban de esas cosas, se presentó Jesús en medio de ellos y les dijo: "La paz esté con ustedes". Ellos, desconcertados y llenos de temor, creían ver un fantasma. Pero él les dijo: "No teman; soy yo. ¿Por qué se espantan? ¿Por qué surgen dudas en su interior? Miren mis manos y mis pies. Soy yo en persona. Tóquenme y convénzanse: un fantasma no tiene ni carne ni huesos, como ven que tengo yo". Y les mostró las manos y los pies. Pero como ellos no acababan de creer de pura alegría y seguían atónitos, les dijo: "¿Tienen aquí algo de comer?" Le ofrecieron un trozo de pescado asado; él lo tomó y se puso a comer delante de ellos.

Después les dijo: "Lo que ha sucedido es aquello de que les hablaba yo, cuando aún estaba con ustedes: que tenía que cumplirse todo lo que estaba escrito de mí en la ley de Moisés, en los profetas y en los salmos".

Entonces les abrió el entendimiento para que comprendieran las Escrituras y les dijo: "Está escrito que el Mesías tenía que padecer y había de resucitar de entre los muertos al tercer día, y que en su nombre se había de predicar a todas las naciones, comenzando por Jerusalén, la necesidad de volverse a Dios y el perdón de los pecados. Ustedes son testigos de esto".

CRISTO convivió un tiempo más o menos suficiente con sus apóstoles como para que lo hubieran conocido bien, pero al final de su vida quedó claro que había grandes dudas y confusiones acerca de su persona.

Esto motivó que Cristo se diera a la tarea, después de su resurrección, de realizar el último trabajo de confirmar en la fe a sus apóstoles, pues por más que ya se los había anunciado de forma anticipada, fue un tema que nunca pudieron comprender del todo.

Por eso, el Señor se fue apareciendo poco a poco a cada uno de ellos. Lo hizo en varias ocasiones para que no se quedaran con una idea demasiado vaga de su resurrección, sino que tuvieran una experiencia fuerte para disipar sus dudas y, a la hora de salir a predicar su doctrina, lo pudieran hacer con toda convicción y firmeza. Y así lo hicieron.

En esta ocasión se hace el encontradizo con dos de los discípulos que lo habían seguido con gran ilusión, pero que después de la crucifixión volvían a su casa decepcionados por completo y hablando de algo que ya había pasado. Todas las expectativas que Cristo había despertado en el pueblo con su predicación y milagros habían quedado atrás. Regresaban a su vida ordinaria.

Jesús se cruza en su camino como alguien completamente ignorante de lo sucedido en aquella región. Se mete en su plática y, curiosamente, el que no sabía nada de lo sucedido comienza a dar explicaciones minuciosas y profundas a cada una de las preguntas de los discípulos. La conversación alcanza un nivel tan profundo que terminan invitándolo a comer a su casa. Fue ahí, en la intimidad del hogar alrededor de la mesa, donde Cristo se les revela al partir el pan y los deja en una conversación llena de entusiasmo y de expectación. Regresan en plena noche a Jerusalén a compartir la noticia con los apóstoles, y entonces les toca nuevamente la aparición de Cristo, quien no pierde tiempo y se presenta en medio de ellos.

Jesús repite lo que en varias ocasiones ya les había dicho: el Mesías tenía que padecer y luego resucitar al tercer día. Ese tercer día estaba en medio de ellos, entrarían al cuarto día, al tiempo necesario ya con el Jesús resucitado, que los animaría a ser testigos de la resurrección. ■

VIVIENDO NUESTRA FE

En el momento en que los discípulos reconocen a Jesús, se dan cuenta de que nada está perdido y de que, al contrario, lo han ganado todo. La confusión ya no es parte de sus vidas, ni tampoco el dolor, pues la resurrección lo ha cambiado todo. En el Reino de Dios ya no habita el pecado. Y es que no se trata de imponerse a la fuerza, sino por el amor y la convicción. Si los bautizados llegamos a comprender que nuestra misión consiste en ser testigos de Cristo, nuestro testimonio de justicia, caridad y amor para los demás, en especial para quienes no tienen alguien que los escuche, será más contundente.

PREGUNTAS PARA REFLEXIONAR

1. ¿Qué te parece la actitud de los discípulos de Emaús?

2. ¿Qué te parece la actitud de Cristo?

3. ¿Qué es lo más importante de la predicación de Cristo?

4. ¿Qué opinas sobre la resurrección?

LECTURAS SEMANALES: Hechos 6:8–15; 7:51—8:1a; 8:1b–8; 8:26–40; 9:1–20; 9:31–42.

11 DE MAYO DE 2003

PRIMERA LECTURA

Hechos 4:8-12

En aquellos días, Pedro, lleno del Espíritu Santo, dijo: "Jefes del pueblo y ancianos: Puesto que hoy se nos interroga acerca del beneficio hecho a un hombre enfermo, para saber cómo fue curado, sépanlo ustedes y sépalo todo el pueblo de Israel: este hombre ha quedado sano en el nombre de Jesús de Nazaret, a quien ustedes crucificaron y a quien Dios resucitó de entre los muertos. Este mismo Jesús es la piedra que ustedes, los constructores, han desechado y que ahora es la piedra angular. Ningún otro puede salvarnos, pues en la tierra no existe ninguna otra persona a quien Dios haya constituido como salvador nuestro".

SEGUNDA LECTURA

1 Juan 3:1-2

Queridos hijos: Miren cuánto amor nos ha tenido el Padre, pues no sólo nos llamamos hijos de Dios, sino que lo somos. Si el mundo no nos reconoce, es porque tampoco lo ha reconocido a él.

Hermanos míos, ahora somos hijos de Dios, pero aún no se ha manifestado cómo seremos al fin. Y ya sabemos que, cuando él se manifieste, vamos a ser semejantes a él, porque lo veremos tal cual es.

EVANGELIO

Juan 10:11-18

En aquel tiempo, Jesús dijo a los fariseos: "Yo soy el buen pastor. El buen pastor da la vida por sus ovejas. En cambio, el asalariado, el que no es el pastor ni el dueño de las ovejas, cuando ve venir al lobo, abandona las ovejas y huye; el lobo se arroja sobre ellas y las dispersa, porque a un asalariado no le importan las ovejas.

"Yo soy el buen pastor, porque conozco a mis ovejas y ellas me conocen a mí, así como el Padre me conoce a mí y yo conozco al Padre. Yo doy la vida por mis ovejas. Tengo además otras ovejas que no son de este redil y es necesario que las traiga también a ellas; escucharán mi voz y habrá un solo rebaño y un solo pastor.

"El Padre me ama porque doy mi vida para volverla a tomar. Nadie me la quita; yo la doy porque quiero. Tengo poder para darla y lo tengo también para volverla a tomar. Éste es el mandato que he recibido de mi Padre".

MIÉRCOLES 14 DE MAYO DE 2003
San Matías, apóstol

Hechos 1:15-17, 20-26
Echaron suertes, le tocó a Matías y lo asociaron a los once apóstoles.

San Juan 15:9-17
No son ustedes los que me han elegido, soy yo quien los ha elegido.

EN EL Evangelio de hoy, reflexionamos en la actitud de tres personajes: el buen pastor, que es capaz de perder su vida antes que abandonar a sus ovejas; el pastor asalariado, a quien no le interesan las ovejas, que busca su lana y todo lo que pueda sacar para él; y finalmente el lobo, que tiene mucho interés en las ovejas, no para cuidarlas, sino para hartarse de su carne.

La figura del pastor que nos presenta el Evangelio es ya propiamente muy difícil de encontrar en la vida real. Ahora lo normal es que las ovejas ya no corran los peligros de muerte que corrían en los tiempos de Cristo, pues las encontramos protegidas en los establos y los leones y lobos casi han desaparecido. Aquellos pastores que llevaban a pastar a sus rebaños ya no es fácil verlos en la vida cotidiana, salvo en algunas naciones y regiones muy apartadas de nuestro medio.

Es el sacerdote, maestro, padre de familia o patrón que vela de tal forma por los suyos que es capaz de perderlo todo antes que ver sufrir o padecer algún mal en aquellos que tiene bajo su cuidado. Es un buen pastor.

El asalariado trabaja sólo por interés. No le interesa si se mueren o lastiman las ovejas; su máxima obsesión es sacarles el mayor provecho posible.

Esto lo podemos constatar en aquel tipo de personas que están muy interesadas en aumentar el número de empleos en su empresa, pero no para mejorar el salario de los trabajadores ni colaborar en la alimentación de más familias, sino porque se ve en cada trabajador una nueva oportunidad de aumentar las ganancias y mejorar sus ingresos.

Es el sacerdote que sólo se preocupa por lo que les puede sacar a los feligreses, pero que no está pronto a la hora que se requieren sus servicios. Es el padre de familia que en lugar de cuidar y atender a sus hijos, sólo ve en cada uno de ellos a un empleado sin sueldo que puede aprovechar y explotar para agrandar su fortuna, y que a la hora en que el hijo necesita algo nunca encuentra la ayuda indispensable de su padre. Es el maestro que va a la escuela, no con el cariño y esmero de enseñar a cada alumno como si fuera su propio hijo, sino sólo por el miserable salario que recibe. Eso es ser lobo con piel de oveja. ∎

VIVIENDO NUESTRA FE

Debemos obrar como buenos pastores para los demás. Que padres de familia, maestros, gobernantes y cualquiera que tenga que ejercer algún cargo público lo realice con una actitud de verdadero servicio, trabajando y luchando por hacer el bien a sus semejantes. Que nos preocupemos de cada persona como si fuera lo más valioso que hemos encontrado en nuestra vida. El buen pastor se desgasta por el bien de sus ovejas hasta el último instante de su vida. Que tanto el papá como la mamá se entreguen por completo a lograr el bienestar de su familia, pero no sólo en lo material, sino ante todo y principalmente en cuanto a lo sobrenatural.

PREGUNTAS PARA REFLEXIONAR

1. ¿Con cuál de los personajes te identificas?

2. ¿Qué características son las que más te gustan de un buen pastor?

3. ¿Por qué el asalariado no se preocupa por sus ovejas?

4. ¿Cómo tratas a las personas que son de otra religión o denominación cristiana?

LECTURAS SEMANALES: Hechos 11:1-18; 11:19-26; 1:15-17, 20-26; 13:13-25; 13:26-33; 13:44-52.

PRIMERA LECTURA

Hechos 9:26-31

Cuando Pablo regresó a Jerusalén, trató de unirse a los discípulos, pero todos le tenían miedo, porque no creían que se hubiera convertido en discípulo.

Entonces, Bernabé lo presentó a los apóstoles y les refirió cómo Saulo había visto al Señor en el camino, cómo el Señor le había hablado y cómo él había predicado, en Damasco, con valentía, en el nombre de Jesús. Desde entonces, vivió con ellos en Jerusalén, iba y venía, predicando abiertamente en el nombre del Señor, hablaba y discutía con los judíos de habla griega y éstos intentaban matarlo. Al enterarse de esto, los hermanos condujeron a Pablo a Cesarea y lo despacharon a Tarso.

En aquellos días, las comunidades cristianas gozaban de paz en toda Judea, Galilea y Samaria, con lo cual se iban consolidando, progresaban en la fidelidad a Dios y se multiplicaban, animadas por el Espíritu Santo.

SEGUNDA LECTURA

1 Juan 3:18-24

Hijos míos: No amemos solamente de palabra; amemos de verdad y con las obras. En esto conoceremos que somos de la verdad y delante de Dios tranquilizaremos nuestra conciencia de cualquier cosa que ella nos reprochare, porque Dios es más grande que nuestra conciencia y todo lo conoce. Si nuestra conciencia no nos remuerde, entonces, hermanos míos, nuestra confianza en Dios es total.

Puesto que cumplimos los mandamientos de Dios y hacemos lo que le agrada, ciertamente obtendremos de él todo lo que le pidamos. Ahora bien, éste es su mandamiento: que creamos en la persona de Jesucristo, su Hijo, y nos amemos los unos a los otros, conforme al precepto que nos dio.

Quien cumple sus mandamientos permanece en Dios y Dios en él. En esto conocemos, por el Espíritu que él nos ha dado, que él permanece en nosotros.

EVANGELIO

Juan 15:1-8

En aquel tiempo, Jesús dijo a sus discípulos: "Yo soy la verdadera vid y mi Padre es el viñador. Al sarmiento que no da fruto en mí, él lo arranca, y al que da fruto lo poda para que dé más fruto.

"Ustedes ya están purificados por las palabras que les he dicho. Permanezcan en mí y yo en ustedes. Como el sarmiento no puede dar fruto por sí mismo, si no permanece en la vid, así tampoco ustedes, si no permanecen en mí. Yo soy la vid, ustedes los sarmientos; el que permanece en mí y yo en él, ése da fruto abundante, porque sin mí nada pueden hacer. Al que no permanece en mí se le echa fuera, como al sarmiento, y se seca; luego lo recogen, lo arrojan al fuego y arde.

"Si permanecen en mí y mis palabras permanecen en ustedes, pidan lo que quieran y se les concederá. La gloria de mi Padre consiste en que den mucho fruto y se manifiesten así como discípulos míos".

ES POSIBLE que la vid no sea una planta muy común para nosotros, a no ser que vivamos en Oregon o California, donde producen vinos de excelente calidad, como los de Aguascalientes, México, o los de Chile. Pero sí podemos servirnos de otro árbol frutal como punto de comparación, por ejemplo un manzano o guayabo. Para el caso, Cristo es el tronco, la base de todo, y nosotros somos las ramas, y si nos despegamos del tronco no seremos capaces de sobrevivir, pues necesitamos estar unidos. Una rama que se separa del tronco, sólo sirve para echarla al fuego, pues se seca de inmediato.

Para que el cristiano pueda dar frutos debe estar unido a Cristo; es decir, debe vivir en gracia. Una persona que cae en pecado es como una rama cortada del tronco: si permanece así por largos períodos de tiempo, se pone en constante riesgo de perderse para siempre. Además, es muy difícil que sus frutos sean los de Dios; difícilmente podrá dar frutos buenos y mucho menos abundantes. Mientras una persona está cerca de Dios, sus frutos deberán ser de la calidad del tronco: sumamente buenos y abundantes. Por los frutos nos conocerán. Quien está bien con Dios no puede estar mal con los demás. O estamos bien a los dos lados o definitivamente no lo estamos.

La santidad de una persona no está directamente relacionada con el tiempo que pase en el templo, sino en el cumplimiento fiel y alegre de sus deberes. Después, por todo lo demás, pero el deber va primero. El descuidar los deberes ordinarios por andar quedando bien con las devociones es signo de incongruencia y de una piedad mal entendida.

La cercanía con Dios se demuestra en el crecimiento y el cumplimiento de nuestros compromisos con todos los aspectos de nuestra vida ordinaria. Debe abarcar los negocios, el trabajo, el descanso, nuestras relaciones humanas, etcétera. Significa que seamos verdaderos testimonios de Cristo en las circunstancias más ordinarias de nuestra vida. Es ahí donde todos deben saborear los frutos que producimos por encontrarnos unidos al tronco de la Iglesia, que es Cristo.

La persona alejada de Dios que cree que puede hacer el bien está viviendo en un mundo de ilusión. Quien no está unido al Señor por más que luche, fácilmente será vencido. Si con la ayuda y el apoyo del Señor se nos hace difícil mantenernos en estado de gracia, separados de Cristo nos será imposible, totalmente imposible. ∎

VIVIENDO NUESTRA FE

Como el árbol que hunde sus raíces en la corriente del río, que todo el año está verde y frondoso, y da fruto de forma permanente, pues no le afecta ni el frío ni la sequía, asimismo podemos decir de una persona que esté unida al Señor que lo normal es que durante toda su vida esté dando frutos de vida eterna. Una persona que se entrega a servir a Dios, lo más normal es que viva en paz y concordia con las personas que comparten su vida, haciendo siempre el bien y estando al pendiente de las necesidades de los demás. Pero una persona que se deja arrastrar y seducir por los vicios y pasiones naturalmente crea una situación de angustia y conflicto.

PREGUNTAS PARA REFLEXIONAR

1. ¿Qué pasa con una rama que se corta del árbol?

2. ¿Qué significa para ti la gracia de Dios?

3. ¿Cuáles son los frutos que debes dar gracias a tu relación con Dios?

4. ¿A qué tipo de árbol estás unido?

LECTURAS SEMANALES: Hechos 14:5–18; 14:19–28; 15:1–6; 15:7–21; 15:22–31; 16:1–10.

25 DE MAYO DE 2003

Hechos 10:25-26, 34-35, 44-48

En aquel tiempo, entró Pedro en la casa del oficial Cornelio, y éste le salió al encuentro y se postró ante él en señal de adoración. Pedro lo levantó y le dijo: "Ponte de pie, pues soy un hombre como tú". Luego añadió: "Ahora caigo en la cuenta de que Dios no hace distinción de personas, sino que acepta al que lo teme y practica la justicia, sea de la nación que fuere".

Todavía estaba hablando Pedro, cuando el Espíritu Santo descendió sobre todos los que estaban escuchando el mensaje. Al oírlos hablar en lenguas desconocidas y proclamar la grandeza de Dios, los creyentes judíos que habían venido con Pedro, se sorprendieron de que el don del Espíritu Santo se hubiera derramado también sobre los paganos.

Entonces Pedro sacó esta conclusión: "¿Quién puede negar el agua del bautismo a los que han recibido el Espíritu Santo lo mismo que nosotros?" Y los mandó bautizar en el nombre de Jesucristo. Luego le rogaron que se quedara con ellos algunos días.

Juan 15:9-17

En aquel tiempo, Jesús dijo a sus discípulos: "Como el Padre me ama, así los amo yo. Permanezcan en mi amor. Si cumplen mis mandamientos, permanecen en mi amor; lo mismo que yo cumplo los mandamientos de mi Padre y permanezco en su amor. Les he dicho esto para que mi alegría esté en ustedes y su alegría sea plena.

"Éste es mi mandamiento: que se amen los unos a los otros como yo los he amado. Nadie tiene amor más grande a sus amigos que el que da la vida por ellos. Ustedes son mis amigos, si hacen lo que yo les mando. Ya no los llamo siervos, porque el siervo no sabe lo que hace su amo; a ustedes los llamo amigos, porque les he dado a conocer todo lo que le he oído a mi Padre.

"No son ustedes los que me han elegido, soy yo quien los ha elegido y los ha destinado para que vayan y den fruto y su fruto permanezca, de modo que el Padre les conceda cuanto le pidan en mi nombre. Esto es lo que les mando: que se amen los unos a los otros".

1 Juan 4:7-10

JUEVES 29 DE MAYO DE 2003
La Ascensión del Señor

Hechos 1:1-11
En presencia de ellos, fue levantado.

Efesios 1:17-23
Lo hizo sentar a su lado, en los cielos.

Mateo 28:16-20
Todo poder se me ha dado en el cielo y en la tierra.

SÁBADO 31 DE MAYO DE 2003
La Visitación de la Virgen María

Sofonías 3:14-18
El Señor será el rey de Israel dentro de ti.

Romanos 12:9-16
Ayuden a los hermanos en sus necesidades y esmérense en la hospitalidad.

San Lucas 1:39-56
¿Quién soy yo para que la madre de mi Señor venga a verme?

CUANDO una persona tiene bienes en abundancia le sobran los amigos, pero si por alguna razón inesperada cae en la desgracia y se queda sin bienes, ordinariamente desaparecen los supuestos "amigos". Si por algo alguien regresa y se hace presente en medio de la más dura adversidad y se ofrece a darle la mano para ayudarlo a salir de su situación, con toda seguridad ése es un verdadero amigo. Una fuente de agua buena se prueba en la sequía.

Cuando hablamos de la amistad con Dios es muy fácil que mientras las cosas resulten positivas en lo material, sobra quien se sienta amigo de Dios y se esfuerce por agradarlo y estar bien con él. Pero en el primer momento en que las cosas ya no resultan del todo bien, cuando llegan las enfermedades, los accidentes o los fracasos económicos, de inmediato nos lanzamos contra Dios porque no nos quiere, porque nos trata mal, porque nos castiga.

¡Qué difícil es sentirnos amados por Dios cuando queremos que ese amor se manifieste solamente en la abundancia de bienes materiales! Mientras no seamos capaces de descubrir que el verdadero amor de Dios está por encima de los intereses de este mundo, es normal que con frecuencia nos sintamos despreciados por Dios.

En lugar de estar inconformes con la voluntad de Dios y siempre envidiando a los que progresan económicamente, deberíamos agradecer al Señor que nos tenga con algunas limitaciones, porque muchas veces la riqueza puede convertirse en un serio obstáculo para nuestra salvación.

San Juan dice que quien no ama no conoce a Dios, porque Dios es amar. Añade también el compromiso del amor a los demás, si se quiere hablar del amor verdadero; de lo contrario somos mentirosos. Quien no sea capaz de perdonar, no espere perdón, pues Cristo mismo nos enseña la manera de pedirlo y ofrecerlo. No podemos odiar y ser cristianos; las dos cosas no pueden darse al mismo tiempo. El mandato de Cristo es claro: hay que amar incluso a los enemigos, y no creo que podamos amar si antes no hemos perdonado.

La prueba más grande del amor la tenemos en Dios por medio de Cristo; se nos da a sí mismo en la persona de Cristo, y Cristo, a su vez, muere por nosotros; su amor eterno fue así de simple y directo: ofreció su vida por la salvación de todos. ■

VIVIENDO NUESTRA FE

El signo inequívoco de que amamos a Dios se demuestra cumpliendo sus mandamientos. Cuando una persona lleva una amistad sincera y profunda con alguien, no le cuesta ningún trabajo hacer lo que la otra persona le pide. Si necesita algo, lo pide con toda confianza sabiendo que el amigo no le negará lo que le pida. Éste debe ser el grado de confianza al que lleguemos en nuestro trato con el Señor. Cuando tenemos amistad con alguien, terminamos por querer y apreciar muchas de las cosas que le agradan al amigo; por eso, cuando Cristo nos pide que nos amemos unos a otros, no podemos negarnos, porque a quienes nos pide amar no sólo son nuestros amigos, son nuestros hermanos.

PREGUNTAS PARA REFLEXIONAR

1. ¿Cómo sabes si amas o no en verdad a Dios?

2. ¿Cuántos amigos verdaderos has ganado?

3. ¿Qué significado tiene para ti el ser amigos y amigas de Dios?

4. ¿Tienes fe en que Cristo puede ayudarte a salir de tus problemas más serios?

LECTURAS SEMANALES: 16:11-15; 16:22-34; 17:15, 22—18:1; 1:1-11; 18:9-18; Sofonías 3:14-18.

PRIMERA LECTURA

Hechos 1:15-17, 20-26

En aquellos días, Pedro se puso de pie en medio de los hermanos y dijo: "Hermanos: Tenía que cumplirse aquel pasaje de la Escritura en que el Espíritu Santo, por boca de David, hizo una predicción tocante a Judas, quien fue el que guió a los que apresaron a Jesús. Él era de nuestro grupo y había sido llamado a desempeñar con nosotros este ministerio. Ahora bien, en el Libro de los Salmos está escrito: Que su morada quede desierta y que no haya quien habite en ella; que su cargo lo ocupe otro. Hace falta, por tanto, que uno se asocie a nosotros como testigo de la resurrección de Jesús, uno que sea de los que nos acompañaron mientras convivió con nosotros el Señor Jesús, desde que Juan bautizaba hasta el día de la ascensión".

Propusieron entonces a dos: a José Barsabá, por sobrenombre "el Justo", y a Matías, y se pusieron a orar de este modo: "Tú, Señor, que conoces los corazones de todos, muestra a cuál de estos dos has elegido para desempeñar este ministerio y apostolado, del que Judas desertó para irse a su propio lugar".

Echaron suertes y le tocó a Matías y lo asociaron a los once apóstoles.

SEGUNDA LECTURA

1 Juan 4:11-16

Queridos hijos: Si Dios nos ha amado tanto, también nosotros debemos amarnos los unos a los otros. A Dios nadie lo ha visto nunca; pero si nos amamos los unos a los otros, Dios permanece en nosotros y su amor en nosotros es perfecto.

En esto conocemos que permanecemos en él, y él en nosotros: en que nos ha dado su Espíritu. Nosotros hemos visto, y de ello damos testimonio, que el Padre envió a su Hijo como salvador del mundo. Quien confiesa que Jesús es Hijo de Dios, permanece en Dios y Dios en él.

Nosotros hemos conocido el amor que Dios nos tiene y hemos creído en ese amor. Dios es amor, y quien permanece en el amor permanece en Dios y Dios en él.

EVANGELIO

Juan 17:11-19

En aquel tiempo, Jesús levantó los ojos al cielo y dijo: "Padre santo, cuida en tu nombre a los que me has dado, para que sean uno, como nosotros. Cuando estaba con ellos, yo cuidaba en tu nombre a los que me diste; yo velaba por ellos y ninguno de ellos se perdió, excepto el que tenía que perderse, para que se cumpliera la Escritura.

"Pero ahora voy a ti, y mientras estoy aún en el mundo, digo estas cosas para que mi gozo llegue a su plenitud en ellos. Yo les he entregado tu palabra y el mundo los odia, porque no son del mundo, como yo tampoco soy del mundo. No te pido que los saques del mundo, sino que los libres del mal. Ellos no son del mundo, como tampoco yo soy del mundo.

"Santifícalos en la verdad. Tu palabra es la verdad. Así como tú me enviaste al mundo, así los envío yo también al mundo. Yo me santifico a mí mismo por ellos, para que también ellos sean santificados en la verdad".

 **EL EVANGELIO** de hoy comienza invitándonos a la unidad. Esto parece demasiado sencillo; sin embargo, a la hora de la verdad, nos encontramos con que dentro de la Iglesia, ya desde los primeros tiempos de su historia, comenzaron a darse fuertes signos no sólo de desunión, sino incluso de contrariedad, división y enfrentamiento. La preponderancia entre las distintas Iglesias recién nacidas provocó serios conflictos, hasta que Pablo tuvo que poner paz haciéndoles entender que no había sino un solo Cristo al que todos deberían servir.

Jesús busca la unidad en sus discípulos por medio del servicio. Lo presenta como la identidad de sus seguidores y ahí coloca la grandeza del cristiano, en su capacidad de servir. Es ahí donde se distinguirán de entre todos, es ahí donde encontrarán su grandeza en el Reino de Dios.

La unidad es algo muy importante dentro de la Iglesia: "que todos sean uno, para que el mundo crea". Es muy triste y doloroso cuando dentro de las comunidades religiosas no se vive una adecuada fraternidad y salen a la luz pública las diferencias entre sus distintos miembros; lo mismo podemos decir cuando no hay el entendimiento adecuado entre los sacerdotes de una misma parroquia, o cuando en las conferencias episcopales hay enfrentamientos públicos por las distintas formas de pensar. Esto crea graves dificultades para que la gente crea en la Iglesia y no pueden explicarse que las personas que hablamos del perdón, el amor, la caridad, el servicio, la comprensión, la justicia, el Reino de Dios, la igualdad, no podamos ponernos de acuerdo.

En todos los casos se requiere mucha humildad y una actitud de servicio a toda prueba, porque cuando alguna persona o algunas personas llegan con intenciones un tanto torcidas, buscando prestigio o incluso queriendo utilizar el prestigio de la Iglesia como escalafón para abrirse paso hacia una carrera política, o conseguir un lugar de importancia dentro de la sociedad, estas cosas ordinariamente provocan rechazo y disgusto por parte de la comunidad.

La unidad de las Iglesias sigue siendo uno de los objetivos primordiales de la Iglesia católica, y debe ser la tarea de cada uno de nosotros. Que procuremos acercarnos mutuamente por medio de la forma en que alabamos a Dios, por nuestra liturgia, por la celebración de la eucaristía, por todo lo que hacemos para agradar a Dios. ■

VIVIENDO NUESTRA FE

Cuando los miembros de una familia están unidos, es muy fácil que salgan adelante y resuelvan todos sus problemas. La unidad de una familia se convierte en el apoyo más firme y seguro para cada uno de sus miembros ante cualquier problema. Lo mismo hay que decir de los grupos apostólicos y de la Iglesia misma.

La unidad no significa que todos pensemos igual, sino que cada uno, con amor y sencillez, pongamos nuestras cualidades al servicio de los demás, que si no estamos de acuerdo con los demás, al menos sepamos tener el respeto debido, como quisiéramos que también nos respetaran a nosotros.

PREGUNTAS PARA REFLEXIONAR

1. ¿Cómo ves a la Iglesia católica en cuanto a unidad en comparación con otras Iglesias?

2. ¿Qué imagen dan a la nación las conferencias episcopales?

3. ¿Cómo ves la relación entre los sacerdotes o religiosas de tu comunidad?

4. ¿Has sido testigo de la unión o desintegración de los grupos pastorales de tu parroquia?

5. ¿Cómo se vive la unidad dentro de tu familia?

LECTURAS SEMANALES: Hechos 19:1–8; 20:17–27; 20:28–38; 22:30; 23:6–11; 25:13b–21; 28:16–20, 30–31.

Hechos 2:1-11

El día de Pentecostés, todos los discípulos estaban reunidos en un mismo lugar. De repente se oyó un gran ruido que venía del cielo, como cuando sopla un viento fuerte, que resonó por toda la casa donde se encontraban. Entonces aparecieron lenguas de fuego, que se distribuyeron y se posaron sobre ellos; se llenaron todos del Espíritu Santo y empezaron a hablar en otros idiomas, según el Espíritu los inducía a expresarse.

En esos días había en Jerusalén judíos devotos, venidos de todas partes del mundo. Al oír el ruido, acudieron en masa y quedaron desconcertados, porque cada uno los oía hablar en su propio idioma.

Atónitos y llenos de admiración, preguntaban: "¿No son galileos todos estos que están hablando? ¿Cómo, pues, los oímos hablar en nuestra lengua nativa? Entre nosotros hay medos, partos y elamitas; otros vivimos en Mesopotamia, Judea, Capadocia, en el Ponto y en Asia, en Frigia y en Panfilia, en Egipto o en la zona de Libia que limita con Cirene. Algunos somos visitantes, venidos de Roma, judíos y prosélitos; también hay cretenses y árabes. Y sin embargo, cada quien los oye hablar de las maravillas de Dios en su propia lengua".

1 Corintios 12:3-7, 12-13

Hermanos: Nadie puede llamar a Jesús "Señor", si no es bajo la acción del Espíritu Santo.

Hay diferentes dones, pero el Espíritu es el mismo. Hay diferentes servicios, pero el Señor es el mismo. Hay diferentes actividades, pero Dios, que hace todo en todos, es el mismo. En cada uno se manifiesta el Espíritu para el bien común.

Porque así como el cuerpo es uno y tiene muchos miembros y todos ellos, a pesar de ser muchos, forman un solo cuerpo, así también es Cristo. Porque todos nosotros, seamos judíos o no judíos, esclavos o libres, hemos sido bautizados en un mismo Espíritu para formar un solo cuerpo, y a todos se nos ha dado a beber del mismo Espíritu.

Juan 20:19-23

Al anochecer del día de la resurrección, estando cerradas las puertas de la casa donde se hallaban los discípulos, por miedo a los judíos, se presentó Jesús en medio de ellos y les dijo: "La paz esté con ustedes". Dicho esto, les mostró las manos y el costado.

Cuando los discípulos vieron al Señor, se llenaron de alegría. De nuevo les dijo Jesús: "La paz esté con ustedes. Como el Padre me ha enviado, así también los envío yo".

Después de decir esto, sopló sobre ellos y les dijo: "Reciban al Espíritu Santo. A los que les perdonen los pecados, les quedarán perdonados; y a los que no se los perdonen, les quedarán sin perdonar".

 **EN LOS HECHOS** de los Apóstoles nos encontramos con un acontecimiento sorprendente. Los judíos se quedan maravillados porque, viniendo de partes muy diferentes y hablando idiomas muy distintos, todos escuchan a los apóstoles como si hablaran en su propio idioma. En este día queda claro el destino universal del mensaje de Cristo. Hoy se abren las puertas de la evangelización a todas las naciones de la tierra. Cristo nació, vivió y predicó en su tierra, en el pueblo elegido del Señor, pero dejó la encomienda a sus apóstoles de hacer llegar su palabra hasta los últimos rincones de la tierra. Hoy es el nacimiento de la Iglesia; nacimos en un domingo, el día de la resurrección, el primer día de la semana, el día en que entramos a la eternidad. Somos una comunidad animada por el Espíritu, llamada a compartir el fuego que nos ha traído.

Somos una Iglesia pascual, una Iglesia comunidad que nace del pueblo reunido en oración, con sus miedos y afanes. Somos un pueblo que se anima por la fuerza del Espíritu, por sus dones, por los regalos que el Espíritu da a toda la Iglesia para el bien de toda la comunidad, y no sólo propio.

La venida del Espíritu Santo cambiaría para siempre a los discípulos y discípulas que estaban encerrados presas del miedo, aunque ya sabían que Jesús había resucitado. El Espíritu les dará la fortaleza y erradicará el miedo de sus corazones; aquellas personas temerosas serán los discípulos y discípulas valientes y decididos en la proclamación de la Buena Nueva de Jesucristo, el Hijo de Dios.

Al hablar de Pentecostés o de la venida del Espíritu Santo, nos referimos a la fuerza que transforma y anima a la comunidad de creyentes en testigos valientes de las maravillas del Señor. Ahora el miedo no existe en ellos. Anuncian a pueblos de distinta raza lo que Dios ha realizado en Jesucristo. Denunciarán su crucifixión desde la experiencia de la resurrección. El deseo que esta comunidad tiene de obedecer a Dios antes que a las autoridades romanas y judías es contundente. Más que tener miedo por ellos, la gente empieza a tener respeto.

Es hablar de esa fuerza interior iluminadora y enardecedora que transforma misteriosa y milagrosamente, en una primera instancia, a un grupo temeroso y decepcionado en uno valiente y lleno de arrojo para proclamar las maravillas del Señor, sin el más mínimo temor a nada ni a nadie. ∎

VIVIENDO NUESTRA FE

La Palabra de Dios se difundió en toda la tierra, dejando con toda claridad la universalidad de la salvación y la conciencia total de que a Dios no se le encuentra en un solo lugar. Desde luego, hay que saber distinguir entre las diversas presencias del Señor. No es lo mismo estar físicamente cercanos a él, como lo estuvieron los judíos de su tiempo. Pero tenemos su palabra, su presencia sacramental en la eucaristía, en la asamblea litúrgica y en quien preside la oración de la Iglesia. ¿Cómo lo reconoceremos ahí?

PREGUNTAS PARA REFLEXIONAR

1. ¿Qué es para ti lo más importante del día de Pentecostés?

2. ¿Qué significa que Pedro hable en su lengua y lo escuche cada uno en la propia?

3. ¿Cuál fue la transformación que sufrieron los apóstoles el día de Pentecostés?

4. ¿Has experimentado la presencia del Espíritu Santo en tu vida de alguna manera?

5. ¿Cuál es la misión del Espíritu Santo en nuestra vida?

LECTURAS SEMANALES: 2 Corintios 1:1–7; 1:18–22; Hechos 11:21b–26; 2 Corintios 3:15—4:1, 3–6; 4:7–15; 5:14–21.

VERANO Y OTOÑO
DEL TIEMPO ORDINARIO

_S a l m o 6 5_

2:11–14

En Sión te alabaremos, oh Dios,
en Jerusalén cumpliremos nuestros votos.

Tú preparas la tierra de esta forma:
vas regando sus surcos,
rompiendo sus terrones;
con las lluvias la ablandas
y bendices sus siembras.

Terminas felizmente tu buen año.
Las ruedas de tu carro
van chorreando abundancia;
el suelo del desierto está mojado,
los cerros se revisten de verdor.
Sus praderas se llenan de rebaños
y los valles se cubren de trigales;
todos cantan y saltan de alegría.

PRIMERA LECTURA

Deuteronomio 4:32-34, 39-40

En aquellos días, habló Moisés al pueblo y le dijo: "Pregunta a los tiempos pasados, investiga desde el día en que Dios creó al hombre sobre la tierra. ¿Hubo jamás, desde un extremo al otro del cielo, una cosa tan grande como ésta? ¿Se oyó algo semejante? ¿Qué pueblo ha oído, sin perecer, que Dios le hable desde el fuego, como tú lo has oído? ¿Hubo algún dios que haya ido a buscarse un pueblo en medio de otro pueblo, a fuerza de pruebas, de milagros y de guerras, con mano fuerte y brazo poderoso? ¿Hubo acaso hechos tan grandes como los que, ante sus propios ojos, hizo por ustedes en Egipto el Señor su Dios?

"Reconoce, pues, y graba hoy en tu corazón que el Señor es el Dios del cielo y de la tierra y que no hay otro. Cumple sus leyes y mandamientos, que yo te prescribo hoy, para que seas feliz tú y tu descendencia, y para que vivas muchos años en la tierra que el Señor, tu Dios, te da para siempre".

SEGUNDA LECTURA

Romanos 8:14-17

Hermanos: Los que se dejan guiar por el Espíritu de Dios, ésos son hijos de Dios. No han recibido ustedes un espíritu de esclavos, que los haga temer de nuevo, sino un espíritu de hijos, en virtud del cual podemos llamar Padre a Dios.

El mismo Espíritu Santo, a una con nuestro propio espíritu, da testimonio de que somos hijos de Dios. Y si somos hijos, somos también herederos de Dios y coherederos con Cristo, puesto que sufrimos con él para ser glorificados junto con él.

EVANGELIO

Mateo 28:16-20

En aquel tiempo, los once discípulos se fueron a Galilea y subieron al monte en el que Jesús los había citado. Al ver a Jesús, se postraron, aunque algunos titubeaban.

Entonces, Jesús se acercó a ellos y les dijo: "Me ha sido dado todo poder en el cielo y en la tierra. Vayan, pues, y enseñen a todas las naciones, bautizándolas en el nombre del Padre y del Hijo y del Espíritu Santo, y enseñándolas a cumplir todo cuanto yo les he mandado; y sepan que yo estaré con ustedes todos los días, hasta el fin del mundo".

ASÍ COMO los padres de familia que son prudentes respetan el desarrollo natural de sus hijos y les comunican las cosas conforme pueden entenderlas, de igual forma Dios nuestro Señor se va comunicando con nosotros; se revela según podemos comprenderlo, aunque no totalmente, pero su revelación es constante y profunda.

De hecho, en la Iglesia profesamos abiertamente que Dios se ha revelado de muchas maneras y en distintas etapas de la historia, pero la plenitud de la revelación es la persona de Jesucristo. Con su encarnación, Dios ya no puede hablarnos más claro; las cosas no pueden ser más claras para nosotros. Se ha revelado plenamente en él y Jesucristo, a su vez, nos ha dado al Espíritu Santo que ya existía junto con él y con Dios. Lo reconocemos en el texto de la creación, en el inicio del Evangelio según Juan, en el bautismo de Jesús, así como en la transfiguración.

Dios se ha hecho presente en la historia como el único Dios verdadero. A lo largo de la revelación a Israel, el pueblo muchas veces se confundió y adoró a dioses falsos; se postró ante las piedras y se olvidó del Dios que lo había sacado de Egipto. Pero Dios lo había elegido para de ahí darnos un salvador, o darse a sí mismo en la persona de Cristo. Será Jesucristo quien nos hable del Espíritu y del Padre mismo. Será Jesucristo la plenitud del amor de Dios y de su manifestación. Será Jesucristo quien nos bautice en el Espíritu Santo y en ese mismo espíritu habremos de nacer para tener vida nueva y en abundancia.

En la piedad popular, sobre todo en las imágenes que hay en nuestras casas, nos muestran a Dios Padre como un viejito barbón y al Espíritu Santo en forma de Paloma; a Jesucristo nos lo presentan en medio de los dos o sentado a la derecha de Dios. Hay que decir que la Santísima Trinidad no son dos personas arriba de una paloma, que el Espíritu Santo no es la paloma y que Dios Padre no es un viejito de barbas largas. El Evangelio dice claramente que el Espíritu se manifestó en "forma de paloma", no que era paloma. Se escuchó la voz del Padre y no se vio la figura del Padre, mucho menos un viejito barbón. En cuanto al Hijo, nadie nos ha dicho que era güero y de ojo azul; esa imagen es demasiado yanqui. El Hijo es Jesucristo redentor, el Padre es Dios Creador y el Espíritu Santo es el alma de la Iglesia, el que la anima, guía y fortalece. ■

VIVIENDO NUESTRA FE

Bastaría que hiciéramos mayor conciencia de nuestras oraciones diarias para darnos cuenta de que continuamente nos estamos encomendando a la Santísima Trinidad. Desde el bautismo, la Santísima Trinidad en pleno hizo su morada en nuestras almas, tomando posesión de nuestro ser, de tal forma que nos convertimos en templos vivos de la divinidad. Al profundizar en la fe, aprendemos que Dios es Padre, Hijo y Espíritu Santo, tres personas en un sólo Dios verdadero. Jamás dejará de ser misterio para nosotros. La razón no puede entenderlo, pero la fe lo acepta, porque el Señor mismo así nos lo ha revelado. En este mundo, debemos aceptar muchas cosas por fe.

PREGUNTAS PARA REFLEXIONAR

1. ¿Qué es para ti la Santísima Trinidad?

2. ¿Distingues el papel y misión de cada una de las tres divinas personas?

3. ¿Qué devociones practicas a la Santísima Trinidad?

4. ¿Qué significa para ti el hecho de ser templo del Espíritu Santo?

LECTURAS SEMANALES: Deuteronomio 4:32-34, 39-40; 2 Corintios 6:1-10; 8:1-9; 9:6-11; 11:1-11; 11:18, 21b-30; 12:1-10.

22 DE JUNIO DE 2003

Éxodo 24:3-8

En aquellos días, Moisés bajó del monte Sinaí y refirió al pueblo todo lo que el Señor le había dicho y los mandamientos que le había dado. Y el pueblo contestó a una voz: "Haremos todo lo que dice el Señor".

Moisés puso por escrito todas las palabras del Señor. Se levantó temprano, construyó un altar al pie del monte y puso al lado del altar doce piedras conmemorativas, en representación de las doce tribus de Israel. Después mandó a algunos jóvenes israelitas a ofrecer holocaustos e inmolar novillos, como sacrificios pacíficos en honor del Señor. Tomó la mitad de la sangre, la puso en vasijas y derramó sobre el altar la otra mitad.

Entonces tomó el libro de la alianza y lo leyó al pueblo, y el pueblo respondió: "Obedeceremos. Haremos todo lo que manda el Señor".

Luego Moisés roció al pueblo con la sangre, diciendo: "Ésta es la sangre de la alianza que el Señor ha hecho con ustedes, conforme a las palabras que han oído".

Hebreos 9:11-15

Marcos 14:12-16, 22-26

El primer día de la fiesta de los panes Ázimos, cuando se sacrificaba el cordero pascual, le preguntaron a Jesús sus discípulos: "¿Dónde quieres que vayamos a prepararte la cena de Pascua?" Él les dijo a dos de ellos: "Vayan a la ciudad. Encontrarán a un hombre que lleva un cántaro de agua; síganlo y díganle al dueño de la casa en donde entre: 'El Maestro manda preguntar: ¿Dónde está la habitación en que voy a comer la Pascua con mis discípulos?' Él les enseñará una sala en el segundo piso, arreglada con divanes. Prepárennos allí la cena". Los discípulos se fueron, llegaron a la ciudad, encontraron lo que Jesús les había dicho y prepararon la cena de Pascua.

Mientras cenaban, Jesús tomó un pan, pronunció la bendición, lo partió y se lo dio a sus discípulos, diciendo: "Tomen: esto es mi cuerpo". Y tomando en sus manos una copa de vino, pronunció la acción de gracias, se la dio, todos bebieron y les dijo: "Ésta es mi sangre, sangre de la alianza, que se derrama por todos. Yo les aseguro que no volveré a beber del fruto de la vid hasta el día en que beba el vino nuevo en el Reino de Dios".

Después de cantar el himno, salieron hacia el monte de los Olivos.

MARTES 24 DE JUNIO DE 2003
El nacimiento de san Juan Bautista

Isaías 49:1-6
Te voy a poner como una luz para el mundo.

Hechos 13:22-26
Juan predicó antes de que llegara Cristo.

Lucas 1:57-66, 80
Se llamará Juan.

VIERNES 27 DE JUNIO DE 2003
El Sagrado Corazón de Jesús

Oseas 11:1, 3-4, 8c-9
Mi corazón se conmueve.

Efesios 3:8-12, 14-19
Conozcan el amor de Cristo,
que supera a todo conocimiento.

Juan 19:31-37
Le abrió el costado y al instante salió sangre y agua.

POR ALGUNOS siglos, la Iglesia ha afirmado la presencia real de Cristo en la eucaristía. En esto, la tradición religiosa de los hispanos y los pueblos de América Latina ha sido muy expresiva en sus procesiones y altares. Es una solemnidad que la gente aprecia de manera muy especial y se goza en celebrarla. Es una tradición que no sólo pertenece a la liturgia romana, sino también a la piedad popular con la cual nuestro pueblo se siente tan identificado.

Pero no es la única enseñanza que la Iglesia ha dado sobre la presencia de Cristo. Recientemente, en 1963, cuando los obispos de la Iglesia católica se reunieron en lo que fue el Concilio Vaticano II, afirmaron la presencia de Cristo en cuatro elementos: en la persona del que preside la oración de la Iglesia, en la palabra que se proclama, en la asamblea litúrgica y en las especies del pan y del vino.

Si adoramos a Cristo en la eucaristía, y lo hemos venido haciendo por años y años, éste es un valor que debemos transmitir a las nuevas generaciones. No sólo es la enseñanza de la Iglesia, sino que es el fundamento de nuestra vida. Sin embargo, hay que reconocer la presencia de Cristo en las personas, ¿porque qué sentido tendría el postrarnos ante Jesús sacramentado y adorarle como Dios y redentor si somos personas racistas y nos consideramos superiores a los demás?

En 2001 la liga de escuelas católicas de Illinois en un principio negó la posibilidad de que la parroquia de Santa Sabina (afroamericana) participara en la liga de baloncesto. Dijeron que por razones de "seguridad" no podían participar en el torneo. Esas razones de "seguridad" no son otra cosa más que racismo y estereotipos respecto a las comunidades afroamericanas. Eso es una vergüenza para nosotros, los católicos y católicas, que bajo argumentos de "seguridad" escondemos el racismo recalcitrante de esta cultura de muerte, como la ha llamado su Santidad Juan Pablo II.

Si como católicos deseamos (y debemos) adorar la presencia real de Cristo en la eucaristía; también debemos reconocerla en las personas. Debemos buscar que los momentos que pasamos frente al Santísimo Sacramento tengan una repercusión positiva en la vida de la comunidad: en el buscar una mejor vida para las personas desamparadas, para los inmigrantes (a menudo indocumentados), para los padres solos, para las personas que han sufrido el abuso doméstico en sus distintas manifestaciones. ∎

29 DE JUNIO DE 2003

PRIMERA LECTURA

Hechos 12:1-11

En aquellos días, el rey Herodes mandó apresar a algunos miembros de la Iglesia para maltratarlos. Mandó pasar a cuchillo a Santiago, hermano de Juan, y viendo que eso agradaba a los judíos, también hizo apresar a Pedro. Esto sucedió durante los días de la fiesta de los panes Ázimos. Después de apresarlo, lo hizo encarcelar y lo puso bajo la vigilancia de cuatro turnos de guardia, de cuatro soldados cada turno. Su intención era hacerlos comparecer ante el pueblo después de la Pascua. Mientras Pedro estaba en la cárcel, la comunidad no cesaba de orar a Dios por él.

La noche anterior al día en que Herodes iba a hacerlo comparecer ante el pueblo, Pedro estaba durmiendo entre dos soldados, atado con dos cadenas y los centinelas cuidaban la puerta de la prisión. De pronto apreció el ángel del Señor y el calabozo se llenó de luz. El ángel tocó a Pedro en el costado, lo despertó y le dijo: "Levántate pronto". Entonces las cadenas que le sujetaban las manos se le cayeron. El ángel le dijo: "Cíñete la túnica y ponte las sandalias", y Pedro obedeció. Después le dijo: "Ponte el manto y sígueme". Pedro salió detrás de él, sin saber si era verdad o no lo que el ángel hacía, y le parecía más bien que estaba soñando. Pasaron el primero y el segundo puesto de guardia y llegaron a la puerta de hierro que daba a la calle. La puerta se abrió sola delante de ellos. Salieron y caminaron hasta la esquina de la calle y de pronto el ángel desapareció. Entonces, Pedro se dio cuenta de lo que pasaba y dijo: "Ahora sí estoy seguro de que el Señor envió a su ángel para librarme de las manos de Herodes y de todo cuanto el pueblo judío esperaba que me hicieran".

SEGUNDA LECTURA

Timoteo 4:4-8, 17-18

EVANGELIO

Mateo 16:13-19

En aquel tiempo, cuando llegó Jesús a la región de Cesarea de Filipo, hizo esta pregunta a sus discípulos: "¿Quién dice la gente que es el Hijo del hombre?". Ellos respondieron: "Unos dicen que eres Juan el Bautista; otros, que Elías; otros, que Jeremías o alguno de los profetas".

Luego les preguntó: "Y ustedes, ¿quién dicen que soy yo?". Simón Pedro tomó la palabra y le dijo: "Tú eres el Mesías, el Hijo de Dios vivo".

Jesús le dijo entonces: "¡Dichoso tú, Simón , hijo de Juan, porque esto no te lo ha revelado ningún hombre, sino mi Padre que está en los cielos! Y yo te digo a ti que tú eres Pedro y sobre esta piedra edificaré mi Iglesia. Los poderes del infierno no prevalecerán sobre ella. Yo te daré las llaves del Reino de los cielos: todo lo que ates en la tierra quedará atado en el cielo, y todo lo que desates en la tierra quedará desatado en el cielo".

JUEVES 3 DE JULIO DE 2003
Santo Tomás, apóstol

Efesios 2:19-22
Ustedes han sido edificados sobre el cimiento de los apóstoles.

San Juan 20:24-29
¡Señor mío y Dios mío!

HOY RECORDAMOS dos grandes figuras de la Iglesia: a un pescador de oficio y a un perseguidor de cristianos que se convirtió en el apóstol de los no cristianos. Pedro, no obstante de haber negado conocer a Cristo, es elegido por el mismo a quien negó tres veces para ser el líder da la Iglesia fundada por Cristo. Queda al frente del equipo con la grave responsabilidad de guiar a la Iglesia. En esta tarea, su testimonio fue contundente.

El mismo Pedro que negó a Jesús fue el que valientemente lo manifestó en Pentecostés. Fue el mismo que dijo que había que obedecer primero a Dios y después a los hombres. Pedro se consideró indigno de morir como su maestro y pide que lo crucifiquen de cabeza abajo. Su amor por Cristo y la Iglesia fue tan grande que después no dudó en dar su vida por el Evangelio y el nombre de Cristo. Pedro sí que era un tipo decidido. Respondió a la llamada de ser la piedra sobre la cual se edificaría la Iglesia.

Pablo se encargará de llevar la palabra a los judíos que se habían dispersado fuera de Israel. Sin embargo, lo rechazaron y les lleva la Buena Nueva a los gentiles, es decir, a los que no pertenecían al pueblo de Israel. La respuesta de los pueblos extranjeros fue gozosa y acogieron la Palabra de Dios. Pablo les habló de que el Espíritu también descendía sobre los no circuncidados y que para pertenecer al pueblo de Dios no era necesario observar la circuncisión. Pues la tarea que ha recibido es la de llevar la salvación a todos los pueblos.

Pedro es encarcelado para impedirle que siga predicando la Palabra de Dios, pero Dios lo libera de sus ataduras y lo envía nuevamente a predicar el Evangelio.

Cuando contamos con la ayuda de Dios, todo se vuelve fácil y sencillo, pero cuando se nos ocurre trabajar en contra de su voluntad, las cosas se vuelven imposibles.

Pablo fundó comunidades de fe y las ayudó a crecer. Después se mantuvo en contacto con ellas por medio de sus cartas, y es así como tenemos sus cartas como parte de las Escrituras. Pedro también era animador de comunidades; de hecho, él y Pablo aparecen como las dos grandes figuras de los apóstoles y de lo que significa ser apóstol. Si alguien entendió claramente los riesgos del seguimiento de Cristo fueron ellos dos. Ése es nuestro reto también. ∎

VIVIENDO NUESTRA FE

En nuestros días estamos sufriendo una pérdida espantosa de fe en el Señor. Nos aferramos cada vez con mayor fuerza a las seguridades humanas y tenemos más fe en las cosas del mundo que en las de Dios. La fe se va yendo con las últimas personas mayores y las nuevas generaciones no tienen más Dios que el vientre, el vestido, la lujuria y toda clase de placeres. Los medios de comunicación no se cansan de provocarnos al presentarnos los placeres como único fin, haciéndonos caer en la droga, el alcohol, la lujuria y cuanto tenga algo de placentero. Esto nos cierra el camino a la trascendencia y los bienes del cielo.

PREGUNTAS PARA REFLEXIONAR

1. ¿Cómo puedes ser un apóstol en tu medio ambiente?

2. ¿Conoces a una persona que sea un verdadero apóstol? ¿Qué te impresiona de él o ella?

3. ¿Qué significa para ti el seguimiento de Cristo?

4. ¿Qué piensas de la conversión de san Pablo?

LECTURAS SEMANALES: Génesis 18:16–33; 19:15–29; 21:5, 8–20; Efesios 2:19–22; 23:1–4, 19; 24:1–8, 62–67; 27:1–5, 15–29.

6 DE JULIO DE 2003

PRIMERA LECTURA

Ezequiel 2:2-5

En aquellos días, el espíritu entró en mí, hizo que me pusiera en pie y oí una voz que me decía: "Hijo de hombre, yo te envío a los israelitas, a un pueblo rebelde, que se ha sublevado contra mí. Ellos y sus padres me han traicionado hasta el día de hoy. También sus hijos son testarudos y obstinados. A ellos te envío para que les comuniques mis palabras. Y ellos, te escuchen o no, porque son una raza rebelde, sabrán que hay un profeta en medio de ellos".

SEGUNDA LECTURA

2 Corintios 12:7-10

Hermanos: Para que yo no me llene de soberbia por la sublimidad de las revelaciones que he tenido, llevo una espina clavada en mi carne, un enviado de Satanás, que me abofetea para humillarme. Tres veces le he pedido al Señor que me libre de esto, pero él me ha respondido: "Te basta mi gracia, porque mi poder se manifiesta en la debilidad".

Así pues, de buena gana prefiero gloriarme de mis debilidades, para que se manifieste en mí el poder de Cristo. Por eso me alegro de las debilidades, los insultos, las necesidades, las persecuciones y las dificultades que sufro por Cristo, porque cuando soy más débil, soy más fuerte.

EVANGELIO

Marcos 6:1-6

En aquel tiempo, Jesús fue a su tierra en compañía de sus discípulos. Cuando llegó el sábado, se puso a enseñar en la sinagoga, y la multitud que lo escuchaba se preguntaba con asombro: "¿Dónde aprendió este hombre tantas cosas? ¿De dónde le viene esa sabiduría y ese poder para hacer milagros? ¿Qué no es éste el carpintero, el hijo de María, el hermano de Santiago, José, Judas y Simón? ¿No viven aquí, entre nosotros, sus hermanas?" Y estaban desconcertados.

Pero Jesús les dijo: "Todos honran a un profeta, menos los de su tierra, sus parientes y los de su casa". Y no pudo hacer allí ningún milagro, sólo curó a algunos enfermos imponiéndoles las manos. Y estaba extrañado de la incredulidad de aquella gente. Luego se fue a enseñar en los pueblos vecinos.

 **ES MUY** común ser "luz de la calle y oscuridad de la casa". Ser profetas en nuestra misma casa es algo sumamente difícil. Para el padre o madre de familia que corrige alguno de sus hijos, a menudo encuentra una dura respuesta: "Ustedes hacen lo mismo". En ocasiones, los padres de familia dan el ejemplo de lo mismo que reprenden y, bajo esa circunstancia, es un poco difícil esperar un comportamiento diferente en los hijos. Lo mismo sucede cuando queremos corregir al hermano, al amigo o al compañero de trabajo. Es probable que se nos diga: "Primero corrige tus defectos, y luego ven a corregir los míos".

Otras veces etiquetamos a las personas y jamás, ni por error, pensamos que puedan cambiar y llegar a ser mejor de lo que hemos sido capaces de imaginar. Cristo atraía a las multitudes y todos corrían tras él, pero sus paisanos, los de su casa, vecinos y parientes, no podían creer que fuera verdad lo que veían. ¿Cómo iba a ser posible que el hijo de un carpintero tuviera aquella sabiduría y ese poder de hacer milagros? Creían conocerlo perfectamente porque lo habían visto crecer, pero no sabían que su origen se remontaba a la misma eternidad.

Todos vivimos hambrientos de milagros, porque siempre buscamos una forma gratuita y sin esfuerzo para salir de nuestros problemas, pero los milagros no son para resolver nuestros problemas sino para llevarnos a un mayor compromiso con Dios y para darnos una mayor fuerza y confianza en la misericordia de Dios. Los apóstoles recibieron muchos privilegios muy especiales de parte del Señor para que enfrentaran con entereza a las tremendas adversidades que vendrían a lo largo de su ministerio pastoral.

San Pablo también nos enseña que no debemos pedir a Dios que nos quite las tentaciones o los momentos difíciles de la vida, sino que nos dé su gracia para salir victoriosos de ellas.

La cuestión de ser fieles al bautismo y, por él, ser auténticos profetas de Dios es algo sumamente difícil. Si Jesús, que no tenía pecado, acabó en la cruz, para nosotros no puede ser más fácil. Sin embargo, la sola presencia de Cristo en medio de la gente era un verdadero signo de la verdad, porque era un hombre justo y auténtico. Su presencia era suficiente para incomodar a los injustos y a quienes no obraban según el plan de Dios. Sería mejor que, más que ser profetas de la palabra (que no estaría mal serlo), lo fuéramos por nuestras acciones. Entonces, nuestras acciones hablarían más que las palabras. ∎

VIVIENDO NUESTRA FE

Ahora que la Iglesia ha abierto la puerta a los laicos, hay personas que tienen problema en aceptarlos como sus propios evangelizadores. No soportan que alguien igual a ellos les enseñe más sobre la vida y la Iglesia. Cuando un seglar imparte charlas de cualquier tipo para ofrecer una formación más completa y permanente en los misterios de nuestra fe, no siempre es agradable para algunos. Comprendámoslo: los sacerdotes no podemos ni debemos hacer todo. La evangelización es tarea de todos los bautizados. El desafío es grande, pero posible. Abramos las puertas para todos.

PREGUNTAS PARA REFLEXIONAR

1. ¿Cómo podemos apoyar y ser parte de los ministerios laicos?

2. ¿Qué programas de formación te ofrece tu diócesis?

3. ¿Cuál es tu actitud hacia las personas que se han comprometido a ser profetas?

4. ¿Cómo puedes ser un profeta en medio de tu comunidad?

LECTURAS SEMANALES: Génesis 28:10–22a; 32:23–33; 41:55–57; 44:18–21, 23b–29; 45:1–5; 46:1–7, 28–30; 49:29–32; 50:15–26a.

13 DE JULIO DE 2003

PRIMERA LECTURA

Amós 7:12-15

En aquel tiempo, Amasías, sacerdote de Betel, le dijo al profeta Amós: "Vete de aquí, visionario, y huye al país de Judá; gánate allá el pan, profetizando; pero no vuelvas a profetizar en Betel, porque es santuario del rey y templo del reino".

Respondió Amós: "Yo no soy profeta ni hijo de profeta, sino pastor y cultivador de higos. El Señor me sacó de junto al rebaño y me dijo: 'Ve y profetiza a mi pueblo, Israel'".

SEGUNDA LECTURA

Efesios 1:3-14

Bendito sea Dios, Padre de nuestro Señor Jesucristo, que nos ha bendecido en él con toda clase de bienes espirituales y celestiales. Él nos eligió en Cristo, antes de crear el mundo, para que fuéramos santos e irreprochables a sus ojos, por el amor, y determinó, porque así lo quiso, que, por medio de Jesucristo, fuéramos sus hijos, para que alabemos y glorifiquemos la gracia con que nos ha favorecido por medio de su Hijo amado.

Pues por Cristo, por su sangre, hemos recibido la redención, el perdón de los pecados. Él ha prodigado sobre nosotros el tesoro de su gracia, con toda sabiduría e inteligencia, dándonos a conocer el misterio de su voluntad. Éste es el plan que había proyectado realizar por Cristo, cuando llegara la plenitud de los tiempos: hacer que todas las cosas, las del cielo y las de la tierra, tuvieran a Cristo por cabeza.

Con Cristo somos herederos también nosotros. Para esto estábamos destinados, por decisión del que lo hace todo según su voluntad: para que fuéramos una alabanza continua de su gloria, nosotros, los que ya antes esperábamos en Cristo.

En él, también ustedes, después de escuchar la palabra de la verdad, el Evangelio de su salvación, y después de creer, han sido marcados con el Espíritu Santo prometido. Este Espíritu es la garantía de nuestra herencia, mientras llega la liberación del pueblo adquirido por Dios, para alabanza de su gloria.

EVANGELIO

Marcos 6:7-13

En aquel tiempo, llamó Jesús a los Doce, los envió de dos en dos y les dio poder sobre los espíritus inmundos. Les mandó que no llevaran nada para el camino: ni pan, ni mochila, ni dinero en el cinto, sino únicamente un bastón, sandalias y una sola túnica.

Y les dijo: "Cuando entren en una casa, quédense en ella hasta que se vayan de ese lugar. Si en alguna parte no los reciben ni los escuchan, al abandonar ese lugar, sacúdanse el polvo de los pies, como una advertencia para ellos".

Los discípulos se fueron a predicar el arrepentimiento. Expulsaban a los demonios, ungían con aceite a los enfermos y los curaban.

 **LOS MEDIOS** de comunicación social se han convertido en un santuario intocable en manos de los poderosos de este mundo, desde donde explotan y manipulan a toda la humanidad para llevarla a la consecución de sus fines. No se puede escuchar otra voz que alerte y despierte a las masas para librarlas de sus garras; se invierten cantidades exorbitantes de recursos para asegurar jugosas y permanentes ganancias, sin importar para nada el bienestar y mejoramiento de la humanidad. Lo único que les interesa es asegurar sus negocios, aunque el mundo se destruya.

La Iglesia, con su mensaje de justicia y verdad, es criticada y asediada a muerte, y todas las personas que quieren trabajar por conseguir estos objetivos son atropelladas y desplazadas de los puestos públicos, pues son un verdadero estorbo para cuantos quieren sacar ventajas. El poder y la riqueza son un contagio espectacular que todo lo pervierte y corrompe.

Los gobiernos tienen como misión en este mundo velar por el orden y la armonía entre todos sus miembros, para que juntos trabajen por la consecución, la superación y el mejoramiento de todos los ciudadanos, luchando por una distribución equitativa y proporcional de los bienes y recursos para que cada persona contribuya y desarrolle al máximo sus capacidades, no sólo en su provecho, sino en bien de toda la comunidad.

Este texto de san Marcos se presta para grandes controversias. Se encuentra uno con personas que quisieran ver al sacerdote de nuestros días en esas circunstancias.

Creo que cualquier persona, para dar un buen servicio debe contar con los recursos necesarios. En este caso, si quisiéramos que el Santo Padre hiciera sus viajes a pie, a lo mejor jamás habría salido de Italia. ¿O qué de un médico operara con un machete en lugar de un bisturí para que saliera más barato? Creo que los sacerdotes deben contar con los recursos necesarios siempre y cuando sean para atender mejor a los fieles, no para servirse de los fieles. Con esto no quiero negar que también los sacerdotes somos un antitestimonio cuando nos apegamos a los bienes materiales y no los utilizamos para servir a los demás. ■

VIVIENDO NUESTRA FE

Debemos tener en claro que nuestro destino es eterno y que hay que mantener siempre la mirada en lo eterno para no dejarse seducir o engañar por los atractivos de este mundo, que le pueden causar graves problemas para llegar al cielo. Para muchos, la pobreza es vista como una desgracia o incluso como un castigo de Dios. Pero si las personas llegaran a comprender a fondo las cosas, deberían entender que es la ayuda más eficaz para encaminarnos a la gloria eterna. Sabemos perfectamente que todos los bienes conseguidos en este mundo, se van a quedar aquí y las personas sólo podremos cargar con nuestras buenas obras a la otra vida. Si la pobreza fuera un mal o un castigo, de seguro Cristo hubiera nacido millonario.

PREGUNTAS PARA REFLEXIONAR

1. ¿Qué piensas de la pobreza como opción evangélica?

2. ¿Cómo te has sentido en los momentos de necesidad?

3. ¿Qué opinas de "dar el dinero a los pobres"?

4. ¿Qué opinión tienes respecto a los bienes de la Iglesia?

LECTURAS SEMANALES: Éxodo 1:8–14, 22; 2:1–15a; 3:16, 9–12; 3:13–20; 11:10—12:14; 12:37–42.

PRIMERA LECTURA

Jeremías 23:1-6

"¡Ay de los pastores que dispersan y dejan perecer a las ovejas de mi rebaño!", dice el Señor.

Por eso habló así el Señor, Dios de Israel, contra los pastores que apacientan a mi pueblo: "Ustedes han rechazado y dispersado a mis ovejas y no las han cuidado. Yo me encargaré de castigar la maldad de las acciones de ustedes. Yo mismo reuniré al resto de mis ovejas, de todos los países a donde las había expulsado y las volveré a traer a sus pastos, para que ahí crezcan y se multipliquen. Les pondré pastores que las apacienten. Ya no temerán ni se espantarán y ninguna se perderá.

"Miren: Viene un tiempo, dice el Señor, en que haré surgir un renuevo en el tronco de David: será un rey justo y prudente y hará que en la tierra se observen la ley y la justicia. En sus días será puesto a salvo Judá, Israel habitará confiadamente y a él lo llamarán con este nombre: 'El Señor es nuestra justicia'".

SEGUNDA LECTURA

Efesios 2:13-18

Hermanos: Ahora, unidos a Cristo Jesús, ustedes, que antes estaban lejos, están cerca, en virtud de la sangre de Cristo.

Porque él es nuestra paz; él hizo de los judíos y de los no judíos un solo pueblo; él destruyó, en su propio cuerpo, la barrera que los separaba: el odio; él abolió la ley, que consistía en mandatos y reglamentos, para crear en sí mismo, de los dos pueblos, un solo hombre nuevo, estableciendo la paz, y para reconciliar a ambos, hechos un solo cuerpo, con Dios, por medio de la cruz, dando muerte en sí mismo al odio.

Vino para anunciar la buena nueva de la paz, tanto a ustedes, los que estaban lejos, como a los que estaban cerca. Así, unos y otros podemos acercarnos al Padre, por la acción de un mismo Espíritu.

EVANGELIO

Marcos 6:30-34

En aquel tiempo, los apóstoles volvieron a reunirse con Jesús y le contaron todo lo que habían hecho y enseñado. Entonces él les dijo: "Vengan conmigo a un lugar solitario, para que descansen un poco". Porque eran tantos los que iban y venían, que no les dejaban tiempo ni para comer.

Jesús y sus apóstoles se dirigieron en una barca hacia un lugar apartado y tranquilo. La gente los vio irse y los reconoció; entonces de todos los poblados fueron corriendo por tierra a aquel sitio y se les adelantaron.

Cuando Jesús desembarcó, vio una numerosa multitud que lo estaba esperando y se compadeció de ellos, porque andaban como ovejas sin pastor, y se puso a enseñarles muchas cosas.

VIERNES 25 DE JULIO DE 2003
Santiago, apóstol

2 Corintios 4:7-15
Llevamos siempre la muerte de Jesús
en nuestro cuerpo.

Mateo 20:20-28
Beberán mi cáliz.

 **LOS MESES** de julio y agosto son considerados en todo el mundo como temporada de vacaciones, pues la mayoría de los estudiantes interrumpen sus clases y se presta para que toda la familia cambie su ritmo de vida durante algunos días. Las Sagradas Escrituras nos sugieren el descanso como una forma de dar gloria a Dios. Además, el descanso es indispensable para nuestra vida.

El organismo requiere de este medio para recuperar sus fuerzas, tanto en lo físico como en lo psíquico. Pero qué importante es en verdad saber descansar. Muchas personas confunden el descanso con la ociosidad o, peor aún, con malgastar desordenadamente sus energías.

El descanso es una necesidad para que cada persona pueda rendir más en cualquier actividad que desarrolle. En lo físico, una persona que trabajara de forma ininterrumpida, sin descansar, terminará por morir prematuramente. En lo mental, quien no sepa darse los descansos necesarios terminaría por perder la cabeza o convertirse en alguien insoportable con los demás.

Definitivamente necesitamos el descanso, y el saber descansar es un verdadero arte, porque no se trata de estar en completa inactividad, sino de realizar actividades que sean de nuestro agrado y provecho: leer, escribir, pintar, cantar, hacer excursiones a pie o motorizadas, o la simple contemplación sosegada de la naturaleza. Todo esto se puede hacer a solas, pero si se tiene familia, hay que hacerlo con ella ¡sería lo ideal! No tienen que ir a Roma para pasar un buen rato juntos; puede ser en el mismo lugar donde viven. Hay que buscar siempre el bien familiar en este tipo de actividades. Los días festivos, como el fin de semana de acción de gracias, son momentos ideales para estrechar los lazos familiares y abrir el corazón de nuestra familia a quienes viven solos y buscan encontrar quien los acompañe en su soledad.

El descanso aquí en la tierra tiene como finalidad el prepararnos para el que se nos tiene prometido que será definitivo y eterno. Que sea lleno de tranquilidad, de paz, de gozo, de equilibrio emocional. Que nos disponga a un rato más sereno y provechoso con todas las personas que tratamos. Saber descansar es querer trabajar mejor y más eficientemente. ∎

VIVIENDO NUESTRA FE

En nuestro mundo saturado de ruidos, gritos y voces tan diferentes, se hace cada vez más indispensable encontrar un lugar solitario para reflexionar sobre la propia vida, conocernos más a nosotros mismos y analizar el rumbo que deseamos dar a nuestra vida. Es muy normal que millones de seres humanos queden atrapados en las encrucijadas de este mundo, pues queriendo resolver las necesidades más inmediatas de su ser, se olvidan fácilmente de las necesidades primeras y más importantes. Siendo la necesidad más sentida la de satisfacer el hambre del cuerpo, podemos descuidar las atenciones debidas a la mente y al espíritu.

PREGUNTAS PARA REFLEXIONAR

1. ¿Qué lugar ocupa en tu vida la reflexión personal?

2. ¿Qué tan consciente eres de la influencia externa que hay sobre ti?

3. ¿Qué son para ti el silencio, la soledad y la reflexión?

4. ¿Sabes buscar un lugar apartado para encontrarte con Dios?

LECTURAS SEMANALES: Éxodo 14:5–18; 14:21—15:1; 16:1–5, 9–15; 19:1–2, 9–11, 16–20b; 2 Corintios 4:7–15; Éxodo 24:3–8.

27 DE JULIO DE 2003

2 Reyes 4:42–44

En aquellos días, llegó de Baal-Salisá un hombre que traía para el siervo de Dios, Eliseo, como primicias, veinte panes de cebada y grano tierno en espiga.

Entonces Eliseo dijo a su criado: "Dáselos a la gente para que coman". Pero él le respondió: "¿Cómo voy a repartir estos panes entre cien hombres?"

Eliseo insistió: "Dáselos a la gente para que coman, porque esto dice el Señor: 'Comerán todos y sobrará'".

El criado repartió los panes a la gente; todos comieron y todavía sobró, como había dicho el Señor.

Efesios 4:1–6

Hermanos: Yo, Pablo, prisionero por la causa del Señor, los exhorto a que lleven una vida digna del llamamiento que han recibido. Sean siempre humildes y amables; sean comprensivos y sopórtense mutuamente con amor; esfuércense en mantenerse unidos en el espíritu con el vínculo de la paz.

Porque no hay más que un solo cuerpo y un solo Espíritu, como también una sola es la esperanza del llamamiento que ustedes han recibido. Un solo Señor, una sola fe, un solo bautismo, un solo Dios y Padre de todos, que reina sobre todos, actúa a través de todos y vive en todos.

Juan 6:1–15

En aquel tiempo, Jesús se fue a la otra orilla del mar de Galilea o lago de Tiberíades. Lo seguía mucha gente, porque habían visto las señales milagrosas que hacía curando a los enfermos. Jesús subió al monte y se sentó allí con sus discípulos.

Estaba cerca la Pascua, festividad de los judíos. Viendo Jesús que mucha gente lo seguía, le dijo a Felipe: "¿Cómo compraremos pan para que coman éstos?" Le hizo esta pregunta para ponerlo a prueba, pues él bien sabía lo que iba a hacer. Felipe le respondió: "Ni doscientos denarios bastarían para que a cada uno le tocara un pedazo de pan". Otro de sus discípulos, Andrés, el hermano de Simón Pedro, le dijo: "Aquí hay un muchacho que trae cinco panes de cebada y dos pescados. Pero, ¿qué es eso para tanta gente?" Jesús le respondió: "Díganle a la gente que se siente". En aquel lugar había mucha hierba. Todos, pues, se sentaron ahí; y tan sólo los hombres eran unos cinco mil.

Enseguida tomó Jesús los panes, y después de dar gracias a Dios, se los fue repartiendo a los que se habían sentado a comer. Igualmente les fue dando de los pescados todo lo que quisieron. Después de que todos se saciaron, dijo a sus discípulos: "Recojan los pedazos sobrantes, para que no se desperdicien". Los recogieron y con los pedazos que sobraron de los cinco panes llenaron doce canastos.

Entonces la gente, al ver la señal milagrosa que Jesús había hecho, decía: "Éste es, en verdad, el profeta que había de venir al mundo". Pero Jesús, sabiendo que iban a llevárselo para proclamarlo rey, se retiró de nuevo a la montaña, él sólo.

ENCONTRAMOS en las Escrituras muchas frases que nos invitan a depositar nuestra confianza en la providencia divina. Jesús nos muestra con gran facilidad la forma en que resuelve el problema de la alimentación para esta gran cantidad de personas.

Sin embargo, entre el común de las gentes escuchamos otra serie de frases un poco distintas: "A Dios rogando y con el mazo dando", "Al que madruga Dios le ayuda", "Ayúdate para que Dios te ayude". ¿Qué será lo correcto? ¿Hay que dejarlo todo en las manos de Dios, o hay que echarle un canillazo?

En la vida hay que confiar siempre en Dios. Sin embargo, hay que trabajar siempre, hay que hacer lo que nos corresponda para no caer en una flojera contundente disfrazada de fe en Dios. Debemos trabajar como si todo dependiera de nosotros y, al mismo tiempo, confiar en Dios como si todo dependiera de él.

Ciertamente, la alimentación es una necesidad fundamental; de ella depende la vida. Pero a Dios le interesa mucho que sepamos que la vida no es un fin en sí misma, sino simplemente una forma con la que ganamos el pase para la vida eterna. Mientras vivamos aquí, estamos en casa rentada, donde no vale la pena invertir demasiado en las posesiones materiales. Sólo basta acondicionarnos con lo necesario, mientras nos cambiamos a casa definitiva.

Muchas personas nos aficionamos de forma casi desesperada por acrecentar nuestros bienes materiales. No pensamos siquiera en comprar, aunque sea un lotecito, para la otra vida para irlo fincando poco a poco por medio de las obras de caridad y justicia. La vida terminará cuando menos lo pensemos, y que no nos sorprenda el hecho de encontrarnos ante Dios con las manos vacías. Hay que invertir bien nuestros bienes para que los intereses de la caridad y la justicia nos alcancen un lugar a la derecha de Dios.

¿Cuánto tiempo dedicas para conseguir lo necesario para el cuerpo, que difícilmente puede durar cien años? ¿Cuánto tiempo dedicas a conseguir un buen lugar en la otra vida, que jamás terminará? Vivimos sumamente preocupados por elevar nuestros niveles de vida y bienestar pero, ¿qué será de nosotros al final de este camino? ¿No crees que valdría la pena ir ahorrando un poco para la otra? ■

VIVIENDO NUESTRA FE

¿Qué son cinco panes y dos pescados para tanta gente? Ésta es la respuesta que los seres humanos damos a muchos de los problemas de la humanidad. Hablamos como los políticos, pensando que la solución depende de nosotros. Pero el egoísmo individualista es el que cierra casi todos los caminos del progreso y bienestar social. Las personas son capaces de gastar fortunas en el arreglo de sus casas por dentro, pero cuando se les pide la cantidad más mínima para poner algún servicio para todos, sucede que nadie tiene dinero, todos están muy pobres y cargados de compromisos. Esto no sólo es falta de solidaridad con los pobres, sino que es totalmente contrario al Evangelio. ¿Qué clase de cristianos somos si no estamos dispuestos a compartir lo que Dios nos ha dado?

PREGUNTAS PARA REFLEXIONAR

1. ¿Has tenido alguna vez la experiencia de compartir? ¿Puedes relatar la historia?

2. ¿Qué opinas del trabajo en equipo?

3. ¿Qué opinas de las personas que siempre se quejan de pobreza, pero que su miseria es tan grande como su riqueza?

4. ¿Cómo ves la actitud de los apóstoles? ¿Dónde encontramos esa actitud hoy?

LECTURAS SEMANALES: 2 Reyes 4:42–44; Éxodo 32:15–24, 30–34; 33:7–11; 34:5b–9, 28; 34:29–35; 40:16–21, 34–38; Levítico 23:1, 4–11, 15–16, 27, 34b–37; 25:1, 8–17.

PRIMERA LECTURA

Éxodo 16:2–4, 12–15

En aquellos días, toda la comunidad de los hijos de Israel murmuró contra Moisés y Aarón en el desierto, diciendo: "Ojalá hubiéramos muerto a manos del Señor en Egipto, cuando nos sentábamos junto a las ollas de carne y comíamos pan hasta saciarnos. Ustedes nos han traído a este desierto para matar de hambre a toda esta multitud".

Entonces dijo el Señor a Moisés: "Voy a hacer que llueva pan del cielo. Que el pueblo salga a recoger cada día lo que necesita, pues quiero probar si guarda mi ley o no. He oído las murmuraciones de los hijos de Israel. Diles de parte mía: 'Por la tarde comerán carne y por la mañana se hartarán de pan, para que sepan que yo soy el Señor, su Dios'".

Aquella misma tarde, una bandada de codornices cubrió el campamento. A la mañana siguiente había en torno a él una capa de rocío que, al evaporarse, dejó el suelo cubierto con una especie de polvo blanco semejante a la escarcha. Al ver eso, los israelitas se dijeron unos a otros: "¿Qué es esto?", pues no sabían lo que era. Moisés les dijo: "Éste es el pan que el Señor les da por alimento".

SEGUNDA LECTURA

Efesios 4:17, 20–24

EVANGELIO

Juan 6:24–35

En aquel tiempo, cuando la gente vio que en aquella parte del lago no estaban Jesús ni sus discípulos, se embarcaron y fueron a Cafarnaúm para buscar a Jesús.

Al encontrarlo en la otra orilla del lago, le preguntaron: "Maestro, ¿cuándo llegaste acá?" Jesús les contestó: "Yo les aseguro que ustedes no me andan buscando por haber visto señales milagrosas, sino por haber comido de aquellos panes hasta saciarse. No trabajen por ese alimento que se acaba, sino por el alimento que dura para la vida eterna y que les dará el Hijo del hombre; porque a éste, el Padre Dios lo ha marcado con su sello".

Ellos le dijeron: "¿Qué necesitamos para llevar a cabo las obras de Dios?" Respondió Jesús: "La obra de Dios consiste en que crean en aquel a quien él ha enviado". Entonces la gente le preguntó a Jesús: "¿Qué señal vas a realizar tú, para que la veamos y podamos creerte? ¿Cuáles son tus obras? Nuestros padres comieron el maná en el desierto, como está escrito: Les dio a comer pan del cielo".

Jesús les respondió: "Yo les aseguro: No fue Moisés quien les dio pan del cielo; es mi Padre quien les da el verdadero pan del cielo. Porque el pan de Dios es aquel que baja del cielo y da la vida al mundo".

Entonces le dijeron: "Señor, danos siempre de ese pan". Jesús les contestó: "Yo soy el pan de la vida. El que viene a mí no tendrá hambre y el que cree en mí nunca tendrá sed".

MIÉRCOLES 6 DE AGOSTO DE 2003
La Transfiguración del Señor

Daniel 7:9–10, 13–14
Su vestido era blanco como la nieve.

2 Pedro 1:16–19
Esta voz enviada del cielo
la oímos nosotros.

Mateo 17:1–9
Éste es mi Hijo amado.

NUNCA confiaremos plenamente en Dios; seguiremos renegando de todo, como el pueblo de Israel. Año tras año nos, quejamos amargamente ante Dios: unas veces porque llueve mucho y otras porque no llueve; unas porque no suben los salarios y otras porque suben los precios; unas porque hace mucho frío y otras porque hace mucho calor. Sin embargo, al volver la mirada a los años pasados, podemos reconocer que Dios no nos ha desamparado, que hemos tenido más o menos lo necesario para vivir. Al mismo tiempo reconocemos que todo el mundo no basta para saciar las ambiciones de una sola persona. No nos basta lo necesario para irla pasando; queremos satisfacer la ambición de tener más y "asegurar" el futuro no muy lejano de nuestra vida y la de los nuestros. Me refiero a los "nuestros", porque regularmente la gente ambiciosa también es ambiciosa con su propia familia.

Al pueblo de Israel Dios les prometió que no les faltaría el maná día con día, pero les advirtió claramente que no juntaran más de lo que necesitaran para cada día; no tenía sentido, pues Dios proveería lo necesario y el maná del día anterior se echaría a perder. Pero la gente nunca hizo caso; siempre desconfiaron de que Dios cumpliera su promesa y cada día juntaban algo más por si algún día se le olvidaba a Dios y los dejaba sin su alimento. Pero sucedía que a todos los que juntaban maná de más, al día siguiente no les servía de nada porque todo se les había echado a perder.

Todo el mundo lucha por un mejor nivel de vida y, en ocasiones, por el afán de conseguir cada día más, aunque a veces ya haya demasiado en las arcas. La ambición no le permite siquiera gozar de lo que ya tiene, porque siempre está metido en nuevas empresas y dificultades. Lo triste del asunto de los bienes es que es sólo eso lo que nos preocupa. No nos preocupan ni los pobres, ni los miserables, ni los que mueren de hambre, ni los migrantes, ni las madres y padres solteros, ni las viudas, ni los huérfanos. ¡Absolutamente nadie nos preocupa! A diario nos damos cuenta de esto, pero lo entenderemos mejor cuando nos presentemos ante Dios, y entonces veremos lo importante que fue no sólo confiar en que él proveería el pan para el siguiente día, sino que también este pan había que compartirlo con los hambrientos para que no se acabara.

Pongamos nuestros intereses en el pan del cielo, en lo que quita el hambre de los pobres desde esta tierra y nos asegura un lugar en el banquete celestial. ∎

VIVIENDO NUESTRA FE

Cuando una persona tiene una fe firme y segura en la vida eterna, tiene más fuerza y convicción para desentenderse de las cosas de este mundo. Pero en nuestros días, aunque la gente se dice católica y está bautizada, la mayor parte vive enfrascada en un consumismo voraz y pagano, donde nadie se quiere dejar de los demás y la gente es apreciada y respetada por lo que tiene, no por lo que es. Esto hace que veamos al Evangelio como un verdadero estorbo.

PREGUNTAS PARA REFLEXIONAR

1. ¿Qué signos manifiestan nuestra fe en la otra vida?
2. ¿Cuál debe ser la actitud de una persona ante los bienes materiales?
3. ¿Qué opinas de una Iglesia que se dice servir a los pobres y exactamente aparenta lo contrario?
4. ¿Cómo te sientes al fallar con tus compromisos contra la caridad y la justicia?

LECTURAS SEMANALES: Deuteronomio 10:12–22; 31:1–8; 34:1–12; Josué 3:7–10a, 11, 13–17; Apocalipsis 11:19a, 12:1–6a, 10ab; Josué 24:14–29.

10 DE AGOSTO DE 2003

PRIMERA LECTURA

1 Reyes 19:4-8

En aquellos tiempos, caminó Elías por el desierto un día entero y finalmente se sentó bajo un árbol de retama, sintió deseos de morir y dijo: "Basta ya, Señor. Quítame la vida, pues yo no valgo más que mis padres". Después se recostó y se quedó dormido.

Pero un ángel del Señor llegó a despertarlo y le dijo: "Levántate y come". Elías abrió los ojos y vio a su cabecera un pan cocido en las brasas y un jarro de agua. Después de comer y beber, se volvió a recostar y se durmió.

Por segunda vez, el ángel del Señor lo despertó y le dijo: "Levántate y come, porque aún te queda un largo camino". Se levantó Elías. Comió y bebió. Y con la fuerza de aquel alimento, caminó cuarenta días y cuarenta noches hasta el Horeb, el monte de Dios.

SEGUNDA LECTURA

Efesios 4:30—5:2

Hermanos: No le causen tristeza al Espíritu Santo, con el que Dios los ha marcado para el día de la liberación final.

Destierren de ustedes la aspereza, la ira, la indignación, los insultos, la maledicencia y toda clase de maldad. Sean buenos y comprensivos, y perdónense los unos a los otros, como Dios los perdonó, por medio de Cristo.

Imiten, pues, a Dios como hijos queridos. Vivan amando como Cristo, que nos amó y se entregó por nosotros, como ofrenda y víctima de fragancia agradable a Dios.

EVANGELIO

Juan 6:41-51

En aquel tiempo, los judíos murmuraban contra Jesús, porque había dicho: "Yo soy el pan vivo que ha bajado del cielo", y decían: "¿No es éste, Jesús, el hijo de José? ¿Acaso no conocemos a su padre y a su madre? ¿Cómo nos dice ahora que ha bajado del cielo?"

Jesús les respondió: "No murmuren. Nadie puede venir a mí, si no lo atrae el Padre, que me ha enviado; y a ése yo lo resucitaré el último día. Está escrito en los profetas: Todos serán discípulos de Dios. Todo aquel que escucha al Padre y aprende de él, se acerca a mí. No es que alguien haya visto al Padre, fuera de aquel que procede de Dios. Ese sí ha visto al Padre.

"Yo les aseguro: el que cree en mí, tiene vida eterna. Yo soy el pan de la vida. Sus padres comieron el maná en el desierto y sin embargo, murieron. Éste es el pan que ha bajado del cielo para que, quien lo coma, no muera. Yo soy el pan vivo que ha bajado del cielo; el que coma de este pan vivirá para siempre. Y el pan que yo les voy a dar es mi carne para que el mundo tenga vida".

VIERNES 15 DE AGOSTO DE 2003
La Asunción de la Virgen María

Apocalipsis 11:19a; 12:1-6a, 10a, b
Una mujer, vestida de sol, con la luna bajo los pies.

1 Corintios 15:20-26
A la cabeza, Cristo; en seguida, los que sean de Cristo.

Lucas 1:39-56
El Todopoderoso hizo grandes cosas para mí: enaltece a los humildes.

SEGUIMOS con el pan de vida, con el alimento de salvación. Cristo quiere hacernos entender que nuestro afán desesperado por conseguir el pan diario no debe ser tan importante. De cualquier forma podemos entender este mensaje, excepto que Jesús nos esté recomendando el no hacer nada. Una manera de asegurarnos de que siempre tendremos algo para comer es compartir siempre lo que el día de hoy tenemos para comer. Así de simple es. No se agotarán nuestros recursos y tendremos una recompensa generosa por parte de Dios.

Cuando Cristo habló de la necesidad de comer su cuerpo y beber su sangre para poder tener vida, todos creyeron que había perdido el juicio y comenzaron a abandonarlo, pero no se hizo para atrás y preguntó a sus apóstoles si también ellos querían abandonarlo. Marcos, con la precisión y realeza de su estilo, pone en labios de Pedro una confesión profunda de fe: "¿A quién iremos?". ¡Vaya pregunta y afirmación! A quién iremos, qué comeremos, quién saciará nuestras necesidades más profundas. ¿Quién? Pedro es consciente de eso, así como de sus miedos.

Hoy el Evangelio nos presenta una necesidad absoluta de alimentarnos del cuerpo y sangre de Cristo para recorrer la jornada de nuestra vida y gozar para siempre de Dios. De la misma manera, nos desafía a compartir las tortillas con el que tiene hambre. ¿A quién irán a pedir alimento los pobres? A nosotros. Hoy la pregunta de Pedro se hace a través de los pobres: ¿a quién iremos, Señor?

En ocasiones van a los políticos. Éstos los escuchan atentamente sólo durante la campaña; después de las elecciones no tienen tiempo para "esa gente floja", y además tienen una "junta muy importante con don fulano de tal". En otras ocasiones van a los ricos, y cabe mencionar que hay muchos de ellos con un corazón plenamente generoso, pero la gran mayoría no. Hasta los insultan y los tachan de flojos y viciosos. A parte de ser ricos se sienten jueces de los demás. En otras ocasiones recurren a la Iglesia, y la Iglesia, si no quiere ser infiel a Jesucristo, tiene que acogerlos como sus hijos e hijas. Ellos son los privilegiados del Evangelio, a quienes Jesús dirigió su mensaje más profundamente, así que deben encontrar en la Iglesia una puerta siempre abierta para recibirlos como se merecen. ■

VIVIENDO NUESTRA FE

Cuando participamos en la eucaristía dominical, podemos constatar que la asistencia es ordinariamente muy abundante, no en comparación con la población en general, sino en comparación con los días entre semana, cuando sólo participan unas cuantas personas. Pero tanto entre semana como los domingos a la hora de comulgar, la mayoría de la gente se queda sin acercarse. Si nosotros observamos en una fiesta y contamos las personas que asisten, podríamos fácilmente comprobar que la inmensa mayoría se queda a participar del banquete; son unas cuantas que por razones personales tienen que disculparse porque tienen otros compromisos y no pueden quedarse. ¿Por qué no sucede lo mismo en la eucaristía?

PREGUNTAS PARA REFLEXIONAR

1. ¿Qué tan importante es para ti el frecuentar el sacramento de la eucaristía?

2. ¿Qué tipo de conexión crees que existe entre la reconciliación y la eucaristía?

3. ¿Podemos comulgar sin compartir las tortillas con el que tiene hambre?

4. ¿Qué implicación tiene el que recibamos la comunión?

LECTURAS SEMANALES: Deuteronomio 10:12–22; 31:1–8; 34:1–12; Josué 3:7–10a, 11, 13–17; 1 Crónicas 15:3–4, 15–16, 16:1–2; Josué 24:14–29.

17 DE AGOSTO DE 2003

PRIMERA LECTURA

Proverbios 9:1-6

La sabiduría se ha edificado una casa, ha preparado un banquete, ha mezclado el vino y puesto la mesa. Ha enviado a sus criados para que, desde los puntos que dominan la ciudad, anuncien esto: "Si alguno es sencillo, que venga acá".

Y a los faltos de juicio les dice: "Vengan a comer de mi pan y a beber del vino que he preparado. Dejen su ignorancia y vivirán; avancen por el camino de la prudencia".

SEGUNDA LECTURA

Efesios 5:15-20

Hermanos: Tengan cuidado de portarse no como insensatos, sino como prudentes, aprovechando el momento presente, porque los tiempos son malos.

No sean irreflexivos, antes bien, traten de entender cuál es la voluntad de Dios. No se embriaguen, porque el vino lleva al libertinaje. Llénense, más bien, del Espíritu Santo; expresen sus sentimientos con salmos, himnos y cánticos espirituales, cantando con todo el corazón las alabanzas al Señor. Den continuamente gracias a Dios Padre por todas las cosas, en el nombre de nuestro Señor Jesucristo.

EVANGELIO

Juan 6:51-58

En aquel tiempo, Jesús dijo a los judíos: "Yo soy el pan vivo que ha bajado del cielo; el que coma de este pan vivirá para siempre. Y el pan que yo les voy a dar es mi carne, para que el mundo tenga vida".

Entonces los judíos se pusieron a discutir entre sí: "¿Cómo puede éste darnos a comer su carne?"

Jesús les dijo: "Yo les aseguro: Si no comen la carne del Hijo del hombre y no beben su sangre, no podrán tener vida en ustedes. El que come mi carne y bebe mi sangre, tiene vida eterna y yo lo resucitaré el último día.

"Mi carne es verdadera comida y mi sangre es verdadera bebida. El que come mi carne y bebe mi sangre, permanece en mí y yo en él. Como el Padre, que me ha enviado, posee la vida y yo vivo por él, así también el que me come vivirá por mí.

"Éste es el pan que ha bajado del cielo; no es como el maná que comieron sus padres, pues murieron. El que come de este pan vivirá para siempre".

EN LA *Constitución sobre la Sagrada Liturgia,* los obispos nos proponen cuatro presencias de Cristo. Una de ellas es en las especies eucarísticas, precisamente como lo hemos reflexionado durante los dos domingos pasados. Hablan de tres más: en la palabra proclamada, en la persona del que preside y en la asamblea litúrgica.

La Palabra de Dios, antes de ser palabra escrita, fue palabra hablada; fue la historia contada a un pueblo. Tal es la naturaleza del Evangelio de Marcos. En la liturgia, antes de alimentarnos del pan de la eucaristía nos alimentamos de la palabra de vida. Escuchamos la historia de cómo Dios ha actuado en nuestra vida. Al proclamarla, esa palabra toma vida y adquiere carácter sagrado. Es la historia de nuestra propia vida representada por los profetas, el pueblo de Israel, los apóstoles y los demás personajes que en ella aparecen. ¿Cómo reconocemos y adoramos la presencia de Cristo en las Escrituras? ¿Qué lugar damos a la Biblia en nuestra familia? ¿Cómo nos encontramos con Cristo al leer las Escrituras? He ahí una forma de encontrarnos con él.

Otra forma es en la persona del que preside la liturgia. En la tradición católica romana, quien preside es el sacerdote. Al decirnos, "El Señor esté con ustedes", afirma la presencia de Cristo en nosotros, asamblea, cuerpo de Cristo, como nos llamó san Agustín. Nosotros le respondemos: "y con tu espíritu", reconociendo que él es el ministro de Dios en medio de nosotros, que él nos dirige en oración, que Dios está con él, que él es otro Cristo. Pero ¿de qué forma valoramos al sacerdote en nuestro contexto? ¿Qué significa para nosotros tener un sacerdote en nuestra comunidad? Cristo está presente en ellos; hay que reconocerlo y respetarlo.

La cuarta forma en que Cristo se hace presente en la liturgia es en la asamblea eucarística. Nosotros somos el cuerpo de Cristo. Cristo habita en nosotros. En el cuerpo de Cristo no hay diferencia entre sus miembros excepto la de sus funciones, pero no más. Todos somos importantes y debemos ser tratados con respeto. Somos imagen de Dios; somos semejanza divina. ¿Qué más necesitamos para respetarnos? Nosotros somos el sacramento de Cristo en la Iglesia. ¿Cómo podemos manifestarlo? Lo ideal es establecer un buen nivel entre las cuatro presencias. ∎

VIVIENDO NUESTRA FE

Creo que con el tiempo ha disminuido el respeto a la presencia real de Cristo en las especies eucarísticas y en las personas mismas. De hecho, en mis años de sacerdote, he llegado a pensar que muchas personas comulgan sin saber a lo que esta acción les compromete. Muchas veces nuestra comunión no tiene efecto en los demás. De hecho, ni siquiera nos quedamos un momento de silencio a platicar con Dios, a encomendarle las necesidades del mundo.

Hoy por hoy, se hace necesario que los católicos integremos la devoción tan fuerte que tenemos a la presencia de Cristo en el pan y el vino al respeto por las personas, por nuestros sacerdotes y por nosotros mismos. Es importante que no perdamos de vista que Cristo se ha quedado en nosotros de distintas maneras. Si le adoramos en el sagrario, también estemos dispuestos a reconocerlo en los demás.

PREGUNTAS PARA REFLEXIONAR

1. ¿Cómo te preparas para la eucaristía dominical?

2. ¿Cómo se beneficia tu familia de que recibas la eucaristía?

3. ¿Cómo estableces una relación entre el pan de la palabra y el pan eucarístico?

LECTURAS SEMANALES: Jueces 2:11–19; 6:11–24a; 9:6–15; 11:29–39a; Rut 1:1, 3–6, 14b–16, 22; 2:1–3, 8–11; 4:13–17.

24 DE AGOSTO DE 2003

Josué 24:1-2, 15-17, 18

En aquellos días, Josué convocó en Siquem a todas las tribus de Israel y reunió a los ancianos, a los jueces, a los jefes y a los escribas. Cuando todos estuvieron en presencia del Señor, Josué le dijo al pueblo: "Si no les agrada servir al Señor, digan aquí y ahora a quién quieren servir: ¿a los dioses a los que sirvieron sus antepasados al otro lado del río Eufrates, o a los dioses de los amorreos, en cuyo país ustedes habitan? En cuanto a mí toca, mi familia y yo serviremos al Señor".

El pueblo respondió: "Lejos de nosotros abandonar al Señor para servir a otros dioses, porque el Señor es nuestro Dios; él fue quien nos sacó de la esclavitud de Egipto, el que hizo ante nosotros grandes prodigios, nos protegió por todo el camino que recorrimos y en los pueblos por donde pasamos. Así pues, también nosotros serviremos al Señor, porque él es nuestro Dios".

Efesios 5:21-32

Hermanos: Respétense unos a otros, por reverencia a Cristo: que las mujeres respeten a sus maridos, como si se tratara del Señor, porque el marido es cabeza de la mujer, como Cristo es cabeza y salvador de la Iglesia, que es su cuerpo. Por tanto, así como la Iglesia es dócil a Cristo, así también las mujeres sean dóciles a sus maridos en todo.

Maridos, amen a sus esposas como Cristo amó a su Iglesia y se entregó por ella para santificarla, purificándola con el agua y la palabra, pues él quería presentársela a sí mismo toda resplandeciente, sin mancha ni arruga ni cosa semejante, sino santa e inmaculada. Así los maridos deben amar a sus esposas, como cuerpos suyos que son. El que ama a su esposa se ama a sí mismo, pues nadie jamás ha odiado a su propio cuerpo, sino que le da alimento y calor, como Cristo hace con la Iglesia, porque somos miembros de su cuerpo. Por eso abandonará el hombre a su padre y a su madre, se unirá a su mujer y serán los dos una sola cosa. Éste es un gran misterio, y yo lo refiero a Cristo y a la Iglesia.

Juan 6:55, 60-69

En aquel tiempo, Jesús dijo a los judíos: "Mi carne es verdadera comida y mi sangre es verdadera bebida". Al oír sus palabras, muchos discípulos de Jesús dijeron: "Este modo de hablar es intolerable, ¿quién puede admitir eso?"

Dándose cuenta Jesús de que sus discípulos murmuraban, les dijo: "¿Esto los escandaliza? ¿Qué sería si vieran al Hijo del hombre subir a donde estaba antes? El Espíritu es quien da la vida; la carne para nada aprovecha. Las palabras que les he dicho son espíritu y vida, y a pesar de esto, algunos de ustedes no creen". (En efecto, Jesús sabía desde el principio quiénes no creían y quién lo habría de traicionar). Después añadió: "Por eso les he dicho que nadie puede venir a mí, si el Padre no se lo concede".

Desde entonces, muchos de sus discípulos se echaron para atrás y ya no querían andar con él. Entonces Jesús les dijo a los Doce: "¿También ustedes quieren dejarme?" Simón Pedro le respondió: "Señor, ¿a quién iremos? Tú tienes palabras de vida eterna; y nosotros creemos y sabemos que tú eres el Santo de Dios".

NI MODO, mis amigos. Aquí no hay ningún otro camino posible. Querámoslo o no, sólo en el servicio a Dios y en el cumplimiento fiel de sus mandamientos podremos encontrar la verdadera felicidad. Todos los demás caminos terminarán por dejarnos vacíos e insatisfechos y, si no nos convencemos, podemos buscarle por cualquier lado.

Los caminos más ordinarios que nos deslumbran son la riqueza, la fama, el poder y el placer. Son los pecados de nuestro tiempo. Pero con un poco de reflexión, podemos llegar a la conclusión de que cualquiera de estos caminos, por más que se consiga en él, lo más que puede durar es lo que dura nuestra vida, que difícilmente habrá quien viva los cien años. Además, estos caminos nunca son garantía de felicidad: se puede tener todo el dinero del mundo y ser completamente infeliz. Las personas que llegan a tener fama mundial no pueden ni siquiera darse el lujo de llevar una vida tranquila en lo privado. Muchas personas ambicionan el poder, pero estando en él difícilmente pueden tener una conciencia tranquila porque es muy fácil abusar de él y meterse en graves problemas en su relación con las personas. Muchas veces viven con el temor de ser víctimas de amenazas de venganza.

El único camino de verdadera felicidad es el que se recorre tranquilamente, que lleva la paz dentro de su propio corazón, porque es consciente de que está luchando por servir a Dios en el trato digno y provechoso con sus semejantes. Quienes no se apegan al mundo e intentan comérselo en un fin de semana, quienes intentan divertirse sanamente y en su alegría encontrar a Dios, serán esas personas las que se adelanten a la verdadera felicidad. La cosa no es que Dios se opone a que seamos felices en este mundo, al contrario quiere que comencemos a ser felices. Pero él quiere ser parte de nuestra felicidad. Quiere ser parte de nuestras fiestas y nuestros descansos. ¿Por qué no permitirle entrar en ellos?

Este concepto de felicidad alarma un poco a quien pretende esconderse de Dios o vivir sin cumplir los mandamientos. Él nos invita a su fiesta, a su casa, a comer y a beber con él. Él nos dará una bebida diferente, que realmente calmará nuestra sed; una vez que la bebamos no debemos volver a preocuparnos por ella. Su alimento nos llevará a sentir el hambre de compartirlo con los demás. Entonces, movidos por ese alimento, buscaremos la justicia para todos. ∎

VIVIENDO NUESTRA FE

En nuestros días se habla tanto de mejorar la calidad de vida, pero esta mejora debe ser integral. Los médicos en la actualidad ya no hablan sólo de curar las enfermedades sino de luchar por una mejor calidad de vida para los seres humanos. Pero hemos de reconocer que la vida es más allá de lo físico, y que así como intentamos preservar la vida física, debemos intentar preservar la vida espiritual. Las dos son muy importantes. Las dos debemos cuidarlas en todas sus etapas.

En la misma línea de la salud está la salud mental como un derecho. Ésta no es para locos, sino para gente que es realmente lista y acepta que tiene necesidad de curarse de algún tipo de recuerdo. Manteniendo este cuidado por la vida, mantendremos también el cuidado por la otra. ¡No las podemos separar!

PREGUNTAS PARA REFLEXIONAR

1. ¿Qué tan fuerte es tu fe en la otra vida?

2. ¿Qué significa para ti el mejorar la situación de vida de las personas?

3. ¿En qué te motiva la respuesta de Pedro en el Evangelio?

4. ¿Qué dices sobre la persona de Cristo?

LECTURAS SEMANALES: 1 Tesalonicenses 1:1–5, 8b–10; 2:1–8; 2:9–13; 3:7–13; 3:7–13; 4:1–8; 4:9–11.

31 DE AGOSTO DE 2003

PRIMERA LECTURA

Deuteronomio 4:1-2, 6-8

En aquellos días, habló Moisés al pueblo, diciendo: "Ahora, Israel, escucha los mandatos y preceptos que te enseño, para que los pongas en práctica y puedas así vivir y entrar a tomar posesión de la tierra que el Señor, Dios de tus padres, te va a dar.

"No añadirán nada ni quitarán nada a lo que les mando: Cumplan los mandamientos del Señor que yo les enseño, como me ordena el Señor, mi Dios. Guárdenlos y cúmplanlos porque ellos son la sabiduría y la prudencia de ustedes a los ojos de los pueblos. Cuando tengan noticias de todos estos preceptos, los pueblos se dirán: 'En verdad esta gran nación es un pueblo sabio y prudente'.

"Porque, ¿cuál otra nación hay tan grande que tenga dioses tan cercanos como lo está nuestro Dios, siempre que lo invocamos? ¿Cuál es la gran nación cuyos mandatos y preceptos sean tan justos como toda esta ley que ahora les doy?"

SEGUNDA LECTURA

Santiago 1:17-18, 21-22, 27

Hermanos: Todo beneficio y todo don perfecto viene de lo alto, del creador de la luz, en quien no hay ni cambios ni sombras. Por su propia voluntad nos engendró por medio del Evangelio para que fuéramos, en cierto modo, primicias de sus criaturas.

Acepten dócilmente la palabra que ha sido sembrada en ustedes y es capaz de salvarlos. Pongan en práctica esa palabra y no se limiten a escucharla, engañándose a ustedes mismos. La religión pura e intachable a los ojos de Dios Padre, consiste en visitar a los huérfanos y a las viudas en sus tribulaciones, y en guardarse de este mundo corrompido.

EVANGELIO

Marcos 7:1-8, 14-15, 21-23

En aquel tiempo, se acercaron a Jesús los fariseos y algunos escribas venidos de Jerusalén. Viendo que algunos de los discípulos de Jesús comían con las manos impuras, es decir, sin habérselas lavado, los fariseos y los escribas le preguntaron: "¿Por qué tus discípulos comen con manos impuras y no siguen la tradición de nuestros mayores?" (Los fariseos y los judíos, en general, no comen sin lavarse antes las manos hasta el codo, siguiendo la tradición de sus mayores; al volver del mercado, no comen sin hacer primero las abluciones, y observan muchas otras cosas por tradición, como purificar los vasos, las jarras y las ollas).

Jesús les contestó: "Qué bien profetizó Isaías sobre ustedes, hipócritas, cuando escribió: Este pueblo me honra con los labios, pero su corazón está lejos de mí. Es inútil el culto que me rinden, porque enseñan doctrinas que no son sino preceptos humanos! Ustedes dejan a un lado el mandamiento de Dios, para aferrarse a las tradiciones de los hombres".

Después, Jesús llamó a la gente y les dijo: "Escúchenme todos y entiéndanme. Nada que entre de fuera puede manchar al hombre; lo que sí lo mancha es lo que sale de dentro; porque del corazón del hombre salen las intenciones malas, las fornicaciones, los robos, los homicidios, los adulterios, las codicias, las injusticias, los fraudes, el desenfreno, las envidias, la difamación, el orgullo y la frivolidad. Todas estas maldades salen de dentro y manchan al hombre".

SE COMENTA que muchos de nuestros católicos son muy fervorosos, que su fe y amor a Dios es muy grande, pero que hay una ignorancia generalizada en nuestra gente. La mayoría se queda con lo que aprende para hacer su primera comunión y no vuelve a los libros o programas parroquiales, ni siquiera para instruirse un poco más en las verdades de nuestra fe.

Sin embargo, vayamos por partes. La mayor parte de los pueblos de América Latina no tiene acceso a la educación formal, la que brinda la escuela, por situaciones de vergüenza provocadas por parte de algunos gobiernos, por ejemplo en Chiapas, México. La miseria en la que han vivido nuestros países es tanta, tan grande como el descuido del gobierno hacia los pobres, y no han tenido acceso a la educación académica. Esto es muy diferente a decir que nuestra gente es tonta. ¡No, señores! La gente es pobre, pero no es tonta.

Muchos no han podido darse el lujo de estudiar porque deben trabajar, casi desde la niñez hasta la ancianidad, durante todo el día sin contar con un momento de reposo. No digamos alguna clase de beneficios. La explotación del hombre por el hombre era no sólo inhumana, sino incluso criminal en muchos de los casos. Esto ha provocado una falta de costumbre en los mayores de asistir a la escuela. Como antes no había dinero ni tiempo, y ahora tampoco, en ocasiones no se hace mucho, ni lo necesario por abrir puertas nuevas para la educación de las nuevas generaciones.

Ahora las cosas han cambiado, las oportunidades de estudio se han multiplicado y propiamente no hay niños que no reciban al menos una educación elemental. Pero aún no es suficiente para que la gente tenga interés de profundizar en la fe. Además, en algunas partes las normas de la Iglesia se ven como algo anticuado. Por ejemplo, en muchas universidades, donde el progreso se da mediante la ciencia, muchos estudiantes se avergüenzan de su fe y en ocasiones son incluso arrastrados a un ateísmo práctico.

Todo esto tenemos en los Estados Unidos. Existe una crisis generacional, pues las personas mayores siguen firmes en su fe, pero se sienten impotentes para enfrentar un diálogo de altura con las nuevas generaciones. Esto se debe a que seguridad en sus creencias está asentada más que nada en la tradición, pero carecen de una formación cristiana sólida. ■

VIVIENDO NUESTRA FE

La falta de una formación adecuada y suficiente en la fe ha hecho que mucha de nuestra gente se quede anclada en una repetición de tradiciones que muchas veces rayan en querer conseguirlo todo de forma mágica. Desde el momento de los rezos, andan buscando la oración que automáticamente les alcance el remedio de sus necesidades o van tras la imagen más milagrosa. Se quedan en la forma y no llegan al fondo; no alcanzan a comprender que lo primero de todo es la medida de la fe, y la seguridad y confianza con que lo pidan. En lugar de buscar en la oración un encuentro íntimo y personal con el Señor, donde puedan compartir con él todas sus preocupaciones y alegrías, creen que lo importante es repetir oraciones de memoria hechas por otros, y así pasar largos ratos sin tener un momento de identidad con el Señor.

PREGUNTAS PARA REFLEXIONAR

1. ¿Te has puesto a reflexionar sobre algunas cosas que son más capricho tuyo que mandato divino?

2. ¿Cuándo rezas, qué pretendes y cómo lo haces?

3. ¿Qué es para ti hacer oración?

4. ¿Qué experiencia tienes de la oración en comunidad?

LECTURAS SEMANALES: 1 Tesalonicenses 4:13–18; 5:1–6, 9–11; Colosenses 1:1–8; 1:9–14; 1:15–20; 1:21–23.

7 DE SEPTIEMBRE DE 2003

PRIMERA LECTURA

Isaías 35:4-7

Esto dice el Señor: "Digan a los de corazón apocado: '¡Ánimo! No teman. He aquí que su Dios, vengador y justiciero, viene ya para salvarlos'.

"Se iluminarán entonces los ojos de los ciegos y los oídos de los sordos se abrirán. Saltará como un venado el cojo y la lengua del mudo cantará. Brotarán aguas en el desierto y correrán torrentes en la estepa. El páramo se convertirá en estanque y la tierra seca, en manantial".

SEGUNDA LECTURA

Santiago 2:1-5

Hermanos: Puesto que ustedes tienen fe en nuestro Señor Jesucristo glorificado, no tengan favoritismos. Supongamos que entran al mismo tiempo en su reunión un hombre con un anillo de oro, lujosamente vestido, y un pobre andrajoso, y que fijan ustedes la mirada en el que lleva el traje elegante y le dicen: "Tú, siéntate aquí, cómodamente". En cambio, le dicen al pobre: "Tú, párate allá o siéntate aquí en el suelo, a mis pies". ¿No es esto tener favoritismos y juzgar con criterios torcidos?

Queridos hermanos, ¿acaso no ha elegido Dios a los pobres de este mundo para hacerlos ricos en la fe y herederos del Reino que prometió a los que lo aman?

EVANGELIO

Marcos 7:31-37

En aquel tiempo, salió Jesús de la región de Tiro y vino de nuevo, por Sidón, al mar de Galilea, atravesando la región de Decápolis. Le llevaron entonces a un hombre sordo y tartamudo, y le suplicaban que le impusiera las manos. Él lo apartó a un lado de la gente, le metió los dedos en los oídos y le tocó la lengua con saliva. Después, mirando al cielo, suspiró y le dijo: "¡Effetá!" (que quiere decir "¡Ábrete!"). Al momento se le abrieron los oídos, se le soltó la traba de la lengua y empezó a hablar sin dificultad.

Él les mandó que no lo dijeran a nadie; pero cuanto más se lo mandaba, ellos con más insistencia lo proclamaban; y todos estaban asombrados y decían: "¡Qué bien lo hace todo! Hace oír a los sordos y hablar a los mudos".

LA MALDAD se sigue extendiendo en el mundo como incendio en pasto seco. La injusticia reina, pavoneándose frente a la infinidad de víctimas que caen bajo su flagelo día con día. El lamento de los oprimidos se levanta angustioso esperando con ansias que la mano del Todopoderoso ponga ya las cosas en su lugar.

Dios nunca llega tarde. Siempre sabe sacar bienes, de los mismos males. Y mientras vivimos angustiados por nuestra situación actual, para Dios todo es presente porque abarca todo cuanto existe y existirá. Por eso, Dios no tiene prisa, pues en sus designios y paciencia siempre hay tiempo para que recapacitemos y nos encontremos con la gracia. Pero no desfallezcamos; tengamos confianza en que al final de cuentas nos dará una explicación plenamente comprensible y que todo será para nuestro bien y el bien de los demás.

Desde luego, esto desespera y hace casi perder la fe en aquellos que tienen que soportar a los que el Señor sigue esperando. Pero no desfallezcamos; tengamos confianza en que al final de cuentas nos dará una explicación plenamente comprensible y que todo es para nuestro bien y el bien de los demás.

En estas circunstancias, el profeta Isaías nos anima a seguir esperando, pues nuestro Dios viene a salvarnos. En medio de todo lo que ha pasado, hay una profunda esperanza en que Dios vendrá a nuestro encuentro.

La paciencia de Dios nunca se cansa. No se agota hasta el último instante que nos da de plazo para enmendarnos del mal camino y convertirnos a él verdaderamente. Es el amor que Dios nos tiene el que le permite seguir esperándonos. Es nuestra ignorancia la que nos sigue manteniendo alejados de Dios.

El Evangelio nos expresa una gran verdad del poder de Dios: "Hace hablar a los mudos y oír a los sordos". En nuestro contexto, es demasiado frecuente encontrarnos con personas que desprecian o incluso maltratan a las personas con discapacidades físicas y/o mentales. Las burlas brotan por todas partes, muchas veces alcanzan padres o familiares, como si los que tenemos una salud regular hubiéramos hecho algo para merecerla. ¡Qué ignorantes somos en este campo! ∎

VIVIENDO NUESTRA FE

La globalización económica no es más que una forma de dominación disfrazada de los países ricos para con los países pobres. Se habla de libre comercio entre las naciones, pero siempre el pez grande se come al chico y estos grupos internacionales apenas sirven para que las naciones poderosas amplíen sus mercados y tengan más dónde vender sus productos. A las naciones pobres siempre les ponen trabas y obstáculos para comprarles sus productos, además de que los precios siempre son regalados. Este clamor de justicia universal, ¿cuándo podrá ser resuelto? La brecha entre pobres y ricos en lugar de acortarse cada día va creciendo más. Los pobres se hacen más pobres y crecen en número, mientras los ricos son cada vez más ricos, pero disminuyen en número.

PREGUNTAS PARA REFLEXIONAR

1. ¿Qué piensas de la situación injusta que vive nuestro mundo?

2. ¿Habrá alguna manera de luchar para conseguir la justicia?

3. ¿Cuál es tu actitud ante las injusticias con que se trata a los prójimos?

4. ¿Qué actitud tienes ante las personas discapacitadas?

LECTURAS SEMANALES: Miqueas 5:1–4a; Colosenses 2:6–15; 3:1–11; 3:12–17; 1 Timoteo 1:1–2, 12–14; 1 Timoteo 1:15–17.

Miqueas 5:1-4

Esto dice el Señor: "De ti, Belén de Efrata, pequeña entre las aldeas de Judá, de ti saldrá el jefe de Israel, cuyos orígenes se remontan a tiempos pasados, a los días más antiguos. Por eso, el Señor abandonará a Israel, mientras no dé a luz la que ha de dar a luz.

Entonces el resto de sus hermanos se unirá a los hijos de Israel. Él se levantará para pastorear a su pueblo con la fuerza y la majestad del Señor, su Dios. Ellos habitarán tranquilos, porque la grandeza del que ha de nacer llenará la tierra y él mismo será la paz".

Romanos 8:28-30

Hermanos: Ya sabemos que todo contribuye para bien de los que aman a Dios, de aquellos que han sido llamados por él, según si designio salvador.

En efecto, a quienes conoce de antemano, los predestina para que reproduzcan en sí mismos la imagen de su propio Hijo, a fin de que él sea el primogénito entre muchos hermanos. A quienes predestina, los llama; a quienes llama, los justifica; y a quienes justifica, los glorifica.

Mateo 1:1-16, 18-23

Genealogía de Jesucristo, hijo de David, hijo de Abraham: Abraham engendró a Isaac, Isaac engendró a Jacob, Jacob a Judá y a sus hermanos; Judá engendró de Tamar a Fares y a Zará; Fares a Esrom, Esrom a Aram, Aram a Aminadab, Aminadab a Naasón, Naasón a Salmón, Salmón engendro de Rajab a Booz, Booz engendró de Rut a Obed, Obed a Jesé, y Jesé al rey David.

David engendró de la mujer de Urías a Salomón, Salomón a Roboam, Roboam a Abiá, Abiá a Asaf, Asaf a Josafat, Josafat a Joram, Joram a Ozías, Ozías a Jotam, Jotam a Acaz, Acaz a Ezequías, Ezequías a Manasés, Manasés a Amón, Amón a Josías, Josías engendró a Jeconías y a sus hermanos durante el destierro a Babilonia.

Después del destierro a Babilonia, Jeconías engendró a Salatiel, Salatiel a Zorobabel, Zorobabel a Abiud, Abiud a Eliaquim, Eliaquim a Azor, Azor a Sadoc, Sadoc a Aquim, Aquim a Eliud, Eliud a Eleazar, Eleazar a Matán, Matán a Jacob, y Jacob engendró a José, el esposo de María, de la cual nació Jesús, llamado Cristo.

Cristo vino al mundo de la siguiente manera: Estando María, su madre, desposada con José, y antes de que vivieran juntos, sucedió que ella, por obra del Espíritu Santo, estaba esperando un hijo. José, su esposo, que era hombre justo, no queriendo ponerla en evidencia, pensó en dejarla en secreto.

Mientras pensaba en estas cosas, un ángel del Señor le dijo en sueños: "José, hijo de David, no dudes en recibir en tu casa a María, tu esposa, porque ella ha concebido por obra del Espíritu Santo. Dará a luz un hijo y tú le pondrás el nombre de Jesús, porque él salvará a su pueblo de sus pecados".

Todo esto sucedió para que se cumpliera lo que había dicho el Señor por boca del profeta Isaías: He aquí que la virgen concebirá y dará a luz un hijo, a quien pondrán el nombre de Emmanuel, que quiere decir Dios-con-nosotros.

EN 1612 surgió en Cuba un hecho admirable: la Virgen de la Caridad apareció en escena de forma por demás milagrosa. "Los tres Juanes", como la tradición los reconoce, mientras iban en busca de sal, se encontraron en pleno mar la imagen de la Virgen de la Caridad, y les causó mucha extrañeza que las ropas de la Virgen a pesar de flotar sobre el agua no estaban mojadas.

De inmediato se le construye una ermita donde permaneció buen tiempo, pero sucedió que por tres noches seguidas la imagen de la Virgen desapareció de su ermita y, a la mañana siguiente, la encontraban de nuevo en su lugar. Esto hizo pensar a los lugareños que la Virgen deseaba estar en otro lugar y la llevaron con grandes festejos al templo parroquial de Cobre, por lo cual posteriormente se le agrega este nombre de la Virgen de la Caridad del Cobre.

Pero las desapariciones de la Virgen de este templo volvieron a repetirse y, por las afirmaciones de una niña que aseguró haberla visto en la cumbre del cerro de las minas, allá llevaron la imagen desde ese momento la devoción a la Santísima Virgen se propagó con asombrosa rapidez. En 1801 consiguen su libertad los mineros. El 10 de mayo de 1906 los veteranos de la guerra de independencia piden al Papa que nombre a la Virgen de la Caridad como patrona de Cuba. Benedicto XV accede, fijando el 8 de septiembre como el día de su festividad. En 1927 se inaugura un nuevo santuario, siendo trasladada la imagen el 8 de septiembre.

La imagen de esta gran Señora ha acompañado al pueblo cubano en todos los momentos difíciles de su historia, pero ni siquiera en el exilio los ha desamparado. Cuando el comunismo se apoderó de la isla, fueron muchos miles de cubanos los que tuvieron que dejar su patria y lanzarse a la aventura de encontrar otro hogar, e infinidad de ellos murieron en su intento por vivir en libertad. En 1961, a un año de vivir en el exilio, cuando ya miles se habían reunido en el estadio de Miami para celebrar la Santa Misa, misteriosamente llegó la imagen de la Virgen de la Caridad del Cobre procedente de Cuba. Desde entonces año con año se sigue celebrando esta gran fiesta.

Así la imagen de esta gran Señora se ha ganado el cariño y el amor de un pueblo que la venera como madre y que acude siempre a ella en todos sus problemas y dificultades. ■

VIVIENDO NUESTRA FE

La Santísima Virgen ha sabido mostrarse madre amorosa y comprensiva para con nosotros, sirviendo como la más eficaz evangelizadora en todo el mundo y haciéndose presente en todos los continentes y naciones de la tierra, en las diferentes épocas y etapas de la historia de la salvación. Llega siempre de manera casi imperceptible, pero al pasar el tiempo se convierte en la primera abogada y protectora, como lo podemos ver bajo tantas advocaciones con las que se le venera en todo el mundo. Desde la muerte de Cristo, María ha permanecido al lado de sus hijos, como la gran mediadora entre Dios y nosotros. Todos aquellos que llegan a ser sus fieles devotos gozan de privilegios muy especiales, sobre todo a la hora de su muerte.

PREGUNTAS PARA REFLEXIONAR

1. ¿Qué significa la presencia de María en tu vida?
2. ¿Qué te parece la actitud de la Virgen de la Caridad para con el pueblo cubano?
3. ¿Crees que valga la pena ser devotos de la Santísima Virgen? ¿Por qué?
4. ¿Cómo reaccionas al escuchar ofensas o críticas a la Santísima Virgen?

LA EXALTACIÓN DE LA SANTA CRUZ

14 DE SEPTIEMBRE DE 2003

PRIMERA LECTURA

Números 21:4-9

En aquellos días, el pueblo se impacientó y murmuró contra Dios y contra Moisés, diciendo: "¿Para qué nos sacaste de Egipto? ¿Para que muriéramos en el desierto? No tenemos pan ni agua y ya estamos hastiados de esta miserable comida".

Entonces envió Dios contra el pueblo serpientes venenosas, que los mordían y murieron muchos israelitas. El pueblo acudió a Moisés y le dijo: "Hemos pecado al murmurar contra el Señor y contra ti. Ruega al Señor que aparte de nosotros las serpientes". Moisés rogó al Señor por el pueblo y el Señor le respondió: "Haz una serpiente como ésas y levántala en un palo. El que haya sido mordido por las serpientes y mire la que tú hagas, vivirá". Moisés hizo una serpiente de bronce y la levantó en un palo; y si alguno era mordido y miraba la serpiente de bronce, quedaba curado.

SEGUNDA LECTURA

Filipenses 2:6-11

Cristo, siendo Dios, no consideró que debía aferrarse a las prerrogativas de su condición divina, sino que, por el contrario, se anonadó a sí mismo y se hizo semejante a los hombres. Así, hecho uno de ellos, se humilló a sí mismo y por obediencia aceptó incluso la muerte y una muerte de cruz.

Por eso Dios lo exaltó sobre todas las cosas y le otorgó el nombre que está sobre todo nombre, para que al nombre de Jesús todos doblen la rodilla en el cielo, en la tierra y en los abismos, y todos reconozcan públicamente que Jesucristo es el Señor, para gloria de Dios Padre.

EVANGELIO

Juan 3:13-17

En aquel tiempo, Jesús dijo a Nicodemo: "Nadie ha subido al cielo sino el Hijo del hombre, que bajó del cielo y está en el cielo. Así como Moisés levantó la serpiente en el desierto, así tiene que ser levantado el Hijo del hombre, para que todo el que crea en él tenga vida eterna.

Porque tanto amó Dios al mundo, que le entregó a su Hijo único, para que todo el que crea en él no perezca, sino que tenga vida eterna. Porque Dios no envió a su hijo para condenar al mundo, sino para que el mundo se salvara por él".

 **LA MUERTE** en la cruz en el tiempo de Jesús era lo mismo que morir en la silla eléctrica, en la cámara de gases o mediante una inyección letal era la pena más humillante y vergonzosa. Para los católicos y cristianos en general, se ha convertido en nuestra bandera, la bandera con la que Cristo ha vencido al pecado. La cruz, que era signo de la muerte, se ha convertido en el símbolo de la victoria, camino seguro de la gloria. Los términos de la crucifixión y la resurrección han quedado unidos para siempre; no podemos entender la resurrección si no hemos muerto al pecado y, si hemos muerto ya al pecado, tendremos como fruto de la muerte la resurrección gloriosa.

Además, la cruz es también signo de nuestra unión con Dios y con el prójimo. La cruz unió el cielo con la tierra, y a nosotros con Dios. El palo vertical debe recordarnos siempre que debemos estar unidos a Dios; a su vez, el palo horizontal debe recordarnos la necesidad de una buena relación con los demás.

Cuando los cristianos hablamos de la cruz, no nos referimos a un sufrimiento absurdo, mucho menos a un masoquismo. Por el contrario, el sufrimiento debe ser para nosotros el camino obligatorio del triunfo y la victoria en cualquiera de los campos de la vida humana. Cualquier personal que busque ser alguien, no le queda alternativea sino luchar en serio para lograrlo.

El padre de familia sufre cuando debe trabajar largas jornadas para completar el sustento de sus hijos. Sufrimos cuando nos desprendemos de algo nuestro para cubrir las necesidades de personas que no cuentan ni con lo indispensable. Sufrimos cuando ayudamos a un compañero a hacer su tarea. Pero en el fondo sentimos una profunda satisfacción por haber hecho algo bueno por los demás. Con nuestros pequeños sacrificios damos vida, alegría y consuelo a muchas personas. ∎

VIVIENDO NUESTRA FE

No soportamos que alguien nos toque, humille o moleste. Queremos la felicidad por adelantado. Pero debemos ser conscientes de que este mundo no será nuestra morada definitiva; estamos hechos para ser felices, pero hay que conquistar esa felicidad según los criterios de los valores, de la dignidad, del respeto y del crecimiento integral. En última instancia, hay que buscar la felicidad según los criterios divinos. Un buen criterio para juzgar qué tan buena es nuestra felicidad es el saber si Dios es parte de ella. Si Dios está en nuestra alegría, no temamos de ser alegres y sonreír para nosotros mismos y para los demás.

PREGUNTAS PARA REFLEXIONAR

1. ¿Qué piensas de la cruz de Cristo?

2. ¿Crees que valga la pena sufrir un poco por la recompensa que se nos ofrece?

3. ¿Te has puesto a pensar en por qué Cristo murió en la cruz?

4. ¿Podemos pedir una prueba mayor de amor al Señor por nosotros?

LECTURAS SEMANALES: 1 Timoteo 2:1–8; 3:1–13; 3:14–16; 4:12–16; 6:2c–12; 6:13–16.

PRIMERA LECTURA

Sabiduría 2:12, 17-20

Los malvados dijeron entre sí: "Tendamos una trampa al justo, porque nos molesta y se opone a lo que hacemos; nos echa en cara nuestras violaciones a la ley, nos reprende las faltas contra los principios en que fuimos educados.

"Veamos si es cierto lo que dice, vamos a ver qué le pasa en su muerte. Si el justo es hijo de Dios, él lo ayudará y lo librará de las manos de sus enemigos. Sometámoslo a la humillación y a la tortura, para conocer su temple y su valor. Condenémoslo a una muerte ignominiosa, porque dice que hay quien mire por él".

SEGUNDA LECTURA

Santiago 3:16 — 4:3

Hermanos míos: Donde hay envidias y rivalidades, ahí hay desorden y toda clase de obras malas. Pero los que tienen la sabiduría que viene de Dios son puros, ante todo. Además, son amantes de la paz, comprensivos, dóciles, están llenos de misericordia y buenos frutos, son imparciales y sinceros. Los pacíficos siembran la paz y cosechan frutos de justicia.

¿De dónde vienen las luchas y los conflictos entre ustedes? ¿No es, acaso, de las malas pasiones, que siempre están en guerra dentro de ustedes? Ustedes codician lo que no pueden tener y acaban asesinando. Ambicionan algo que no pueden alcanzar, y entonces combaten y hacen la guerra. Y si no lo alcanzan, es porque no se lo piden a Dios. O si se lo piden y no lo reciben, es porque piden mal, para derrocharlo en placeres.

EVANGELIO

Marcos 9:30-37

En aquel tiempo, Jesús y sus discípulos atravesaban Galilea, pero él no quería que nadie lo supiera, porque iba enseñando a sus discípulos. Les decía: "El Hijo del hombre va a ser entregado en manos de los hombres; le darán muerte, y tres días después de muerto, resucitará". Pero ellos no entendían aquellas palabras y tenían miedo de pedir explicaciones.

Llegaron a Cafarnaúm, y una vez en casa, les preguntó: "¿De qué discutían por el camino?" Pero ellos se quedaron callados, porque en el camino habían discutido sobre quién de ellos era el más importante. Entonces Jesús se sentó, llamó a los Doce y les dijo: "Si alguno quiere ser el primero, que sea el último de todos y el servidor de todos". Después, tomando a un niño, lo puso en medio de ellos, lo abrazó y les dijo: "El que reciba en mi nombre a uno de estos niños, a mí me recibe. Y el que me reciba a mí, no me recibe a mí, sino a aquel que me ha enviado".

CONDENEMOS AL JUSTO A UNA MUERTE IGNOMINIOSA

 **QUIENES** disfrutan haciendo el mal ven en los que luchan por obrar bien un reproche vivo ante sus ojos y no los pueden soportar. Por eso, es muy natural verlos haciendo todos sus esfuerzos por hacerlos caer, poniendo a su alcance toda clase de trampas y engaños para seducirlos y así no tener quien les eche en cara su mal obrar. En medio de ello, la presencia de los justos no sólo es incómoda, sino que molesta en exceso.

A Cristo se atrevieron a pedirle que bajara de la cruz para que creyeran en él. Pero Jesús ya estaba cansado de demostrarles quién era y de que no le creyeran. Por eso, mejor escuchamos de sus labios aquellas sabias palabras en las que revela lo bien que nos conoce. En la misma cruz pide a Dios que perdone la ignorancia con que dimos muerte al justo.

En ocasiones vivimos como si nunca fuéramos a entregar cuentas a Dios gozamos del abuso e ignoramos a los demás. Pero todo tiene un límite. Llegará ese día en que el Señor hará justicia y tendrá misericordia para nosotros. Volverá cubierto de gloria para establecer la justicia y el orden en un mundo donde por años ha reinado el más fuerte y poderoso. Entonces sabremos que valió la pena haber vivido con el espíritu de la justicia en nuestra vida. Entonces sabremos lo importante que fue vivir de acuerdo a los principios del Evangelio.

En este mundo hay personas que prueban al justo hasta la saciedad; de mil maneras lo hacen sufrir y se mofan de él, hasta hacerlo morder el polvo, como vulgarmente se dice, como si nunca se les fuera a pedir cuenta de sus depravadas acciones. Pero es bueno saber que con Dios no se puede. Podemos despedazar a las personas, burlamos de ellas como nos venga en gana, y hacerles toda clase de males y daños. Pero cuando Dios levante su mano, actuará en favor de los inocentes; hará justicia para ellos y ellas. Pero en medio de todo, la gracia nos sobrecoge; abrámonos a esa gracia de Dios que nos cerca de muchas maneras, y digamos sí al arrepentimiento y la reconciliación con Dios.

Finalmente, Jesús nos dice que el camino a la gloria es la humildad. Propone el servicio como modelo, para ser el primero en el Reino de Dios. Dentro de nuestra fe, hay una regla de oro: "El que quiera ser el primero, tendrá que ser el último". ■

VIVIENDO NUESTRA FE

Los malvados del mundo llevan sus propósitos hasta las últimas consecuencias. No cesan en sus empeños; quieren ver a los justos humillados, a tal grado de dar pena y vergüenza ante la sociedad. No es raro verlos acompañar a sus víctimas hasta el mismo cementerio. Se quedan con la convicción de que lograron a plenitud sus odiosos propósitos. Pero los justos están en las manos del Señor y no deben temer ningún mal. Dios hará justicia y todos lo sufrimientos de los justos florecerán en vida eterna. Serán ellos quienes reciban la corona de quienes permanecieron fieles a los designios de Dios.

PREGUNTAS PARA REFLEXIONAR

1. ¿Qué actitud tienes ante la justicia social?

2. ¿Qué piensas sobre el sufrimiento humano?

3. ¿Qué puedes hacer por los pobres de tu comunidad?

LECTURAS SEMANALES: Esdras 1:1-6; 6:7-8, 12b, 14-20; 9:5-9; Ageo 1:1-8; 1:15b—2:9; Zacarías 2:5-9, 14-154a.

28 DE SEPTIEMBRE DE 2003

PRIMERA LECTURA

Números 11:25–29

En aquellos días, el Señor descendió de la nube y habló con Moisés. Tomó del espíritu que reposaba sobre Moisés y se lo dio a los setenta ancianos. Cuando el espíritu se posó sobre ellos, se pusieron a profetizar.

Se habían quedado en el campamento dos hombres: uno llamado Eldad y otro, Medad. También sobre ellos se posó el espíritu, pues aunque no habían ido a la reunión, eran de los elegidos y ambos comenzaron a profetizar en el campamento. Un muchacho corrió a contarle a Moisés que Eldad y Medad estaban profetizando en el campamento. Entonces Josué, hijo de Nun, que desde muy joven era ayudante de Moisés, le dijo: "Señor mío, prohíbeselo". Pero Moisés le respondió: "¿Crees que voy a ponerme celoso? Ojalá que todo el pueblo de Dios fuera profeta y descendiera sobre todos ellos el espíritu del Señor".

SEGUNDA LECTURA

Santiago 5:1–6

Lloren y laméntense, ustedes, los ricos, por las desgracias que les esperan. Sus riquezas se han corrompido; la polilla se ha comido sus vestidos; enmohecidos están su oro y su plata, y ese moho será una prueba contra ustedes y consumirá sus carnes, como el fuego. Con esto ustedes han atesorado un castigo para los últimos días.

El salario que ustedes han defraudado a los trabajadores que segaron sus campos está clamando contra ustedes; sus gritos han llegado hasta el oído del Señor de los ejércitos. Han vivido ustedes en este mundo entregados al lujo y al placer, engordando como reses para el día de la matanza. Han condenado a los inocentes y los han matado, porque no podían defenderse.

EVANGELIO

Marcos 9:38–43, 45:47–48

En aquel tiempo, Juan le dijo a Jesús: "Hemos visto a uno que expulsaba a los demonios en tu nombre, y como no es de los nuestros, se lo prohibimos". Pero Jesús le respondió: "No se lo prohíban, porque no hay ninguno que haga milagros en mi nombre, que luego sea capaz de hablar mal de mí. Todo aquel que no está contra nosotros, está a nuestro favor.

"Todo aquel que les dé a beber un vaso de agua por el hecho de que son de Cristo, les aseguro que no se quedará sin recompensa.

"Al que sea ocasión de pecado para esta gente sencilla que cree en mí, más le valdría que le pusieran al cuello una de esas enormes piedras de molino y lo arrojaran al mar.

"Si tu mano te es ocasión de pecado, córtatela; pues más te vale entrar manco en la vida eterna, que ir con tus dos manos al lugar de castigo, al fuego que no se apaga. Y si tu pie te es ocasión de pecado, córtatelo; pues más te vale entrar cojo en la vida eterna, que con tus dos pies ser arrojado al lugar de castigo. Y si tu ojo te es ocasión de pecado, sácatelo; pues más te vale entrar tuerto en el Reino de Dios, que ser arrojado con tus dos ojos al lugar de castigo, donde el gusano no muere y el fuego no se apaga".

 **ASÍ COMO** hay años de buena cosecha porque el temporal se viene bueno y todos los campesinos salen beneficiados, así también cuando las lluvias son escasas y las plagas se multiplican, los campesinos en su mayoría salen perjudicados porque no hay cosechas. Esto mismo podemos aplicarlo al plano espiritual: hemos tenido momentos de mucha abundancia, cuando la bondad era el propósito universal del ser humano y toda la gente luchaba por ser la mejor del mundo. Ahora parece que competimos en la maldad. No queremos saber de leyes ni exigencias; buscamos hacer todo lo que nos viene en gana y llegar hasta los últimos extremos en los grados de maldad y perversidad.

Así como en tiempos pasados la imposición de las normas era implacable por parte de las autoridades y de los mayores, ahora las protestas se viven a diario y todo mundo vive exigiendo sus derechos, pero nadie quiere saber de obligaciones. Infinidad de grupos que siempre fueron rechazados por la sociedad debido a sus actitudes antisociales e incluso antihumanas, ahora son los que salen a las calles y proclaman sus derechos de que se les permita ser como quieren.

En las películas y vídeos, desde los niños tienen abierta una gran posibilidad de ver todo tipo de cosas completamente inadecuadas para su edad y capacidad de comprensión. La violencia y el sexo lo han llenado todo. Pasamos del ocultismo y los escrúpulos en todo lo relacionado con lo sexual, a un exhibicionismo descarado en el que se exalta y se idealiza el hambre desmedida de placer, sin medir las consecuencias ni en lo físico o mental, mucho menos en lo sobrenatural. En medio de esta situación, debemos preguntarnos: ¿cómo debemos ejercer la misión profética a que nos llama el bautismo? Jesús nos anima a expulsar este tipo de demonios de nuestros ambientes. La postura es clara: con él o contra él.

Otra situación común dentro de la Iglesia son los celos pastorales. Esto se da en todos los niveles: párrocos que sienten celos de que la gente aprecie y quiera más al vicario que a ellos mismos; entre los mismos agentes pastorales experimentan celos ya sea por los talentos que Dios ha dado a cada persona, ya sea porque alguien sabe más que yo o porque sé menos que él o ella. Olvidamos con mucha frecuencia que sólo somos trabajadores de Dios. Trabajamos para él, no para nosotros; al final sólo somos instrumentos de Dios. ■

VIVIENDO NUESTRA FE

La invitación y provocación de los medios de comunicación a una vida de placer y disfrute ilimitado está haciendo caer a infinidad de jóvenes en sus redes. Locos e idealizados por el oropel deslumbrante que se les ofrece en las pantallas, se van de cabeza tras el espejismo, y cuando quedan a medio desierto con una sed mortal y completamente alejados de las fuentes de la vida, terminan muchas veces en intentos de suicidio o continúan haciendo todo lo que les sepa a placer sin querer reconocer que caminan directamente hacia la muerte.

PREGUNTAS PARA REFLEXIONAR

1. ¿Cómo hacer entender a una persona que está en un error sin por ello faltar a la caridad?

2. ¿Cuáles son las causas de estos errores?

3. ¿Qué piensas de los celos pastorales y de los celos en general?

LECTURAS SEMANALES: Daniel 7:9-10, 13-14; Zacarías 8:20-23; Nehemías 2:1-8; 8:1-4a, 5-6, 7b-12; Baruc 1:15-22; 4:5-12, 27-29.

PRIMERA LECTURA

Génesis 2:18-24

En aquel día, dijo el Señor Dios: "No es bueno que el hombre esté solo. Voy a hacerle a alguien como él, para que lo ayude". Entonces el Señor Dios formó de la tierra todas las bestias del campo y todos los pájaros del cielo y los llevó ante Adán para que les pusiera nombre y así todo ser viviente tuviera el nombre puesto por Adán.

Así, pues, Adán les puso nombre a todos los animales domésticos, a los pájaros del cielo y a las bestias del campo; pero no hubo ningún ser semejante a Adán para ayudarlo. Entonces el Señor Dios hizo caer al hombre en un profundo sueño, y mientras dormía, le sacó una costilla y cerró la carne sobre el lugar vacío. Y de la costilla que le había sacado al hombre, Dios formó una mujer. Se la llevó al hombre y éste exclamó:

"Ésta sí es hueso de mis huesos y carne de mi carne. Ésta será llamada mujer, porque ha sido formada del hombre".

Por eso el hombre abandonará a su padre y a su madre, y se unirá a su mujer y serán los dos una sola cosa.

SEGUNDA LECTURA

Hebreos 2:9-11

Hermanos: Es verdad que ahora todavía no vemos el universo entero sometido al hombre; pero sí vemos ya al que por un momento Dios hizo inferior a los ángeles, a Jesús, que por haber sufrido la muerte, está coronado de gloria y honor. Así, por la gracia de Dios, la muerte que él sufrió redunda en bien de todos.

En efecto, el creador y Señor de todas las cosas quiere que todos sus hijos tengan parte en su gloria. Por eso convenía que Dios consumara en la perfección, mediante el sufrimiento, a Jesucristo, autor y guía de nuestra salvación.

El santificador y los santificados tienen la misma condición humana. Por eso no se avergüenza de llamar hermanos a los hombres.

EVANGELIO

Marcos 10:2-16

En aquel tiempo, se acercaron a Jesús unos fariseos y le preguntaron, para ponerlo a prueba: "¿Le es lícito a un hombre divorciarse de su esposa?"

Él les respondió: "¿Qué les prescribió Moisés?" Ellos contestaron: "Moisés nos permitió el divorcio mediante la entrega de un acta de divorcio a la esposa". Jesús les dijo: "Moisés prescribió esto, debido a la dureza del corazón de ustedes. Pero desde el principio, al crearlos, Dios los hizo hombre y mujer. Por eso dejará el hombre a su padre y a su madre y se unirá a su esposa y serán los dos una sola cosa. De modo que ya no son dos, sino una sola cosa. Por eso, lo que Dios unió, que no lo separe el hombre".

Ya en casa, los discípulos le volvieron a preguntar sobre el asunto. Jesús les dijo: "Si uno se divorcia de su esposa y se casa con otra, comete adulterio contra la primera. Y si ella se divorcia de su marido y se casa con otro, comete adulterio".

Después de esto, la gente le llevó a Jesús unos niños para que los tocara, pero los discípulos trataban de impedirlo.

Al ver aquello, Jesús se disgustó y les dijo: "Dejen que los niños se acerquen a mí y no se lo impidan, porque el Reino de Dios es de los que son como ellos. Les aseguro que el que no reciba el Reino de Dios como un niño, no entrará en él".

Después tomó en brazos a los niños y los bendijo imponiéndoles las manos.

EN LOS países más desarrollados, la poligamia propiamente no existe, porque la mujer ha logrado una autonomía e independencia tal que ya no es presa fácil del hombre. Pero la estabilidad y firmeza de un matrimonio casi ha desaparecido: las parejas viven juntas el tiempo que se entienden y cambian de pareja en cuanto no se pueden entender. ¿Es eso el amor?

En los países menos desarrollados donde la fe católica era un baluarte nacional, la costumbre era de hacer matrimonios para toda la vida. La sociedad así lo entendía y las personas tenían una claridad total con respecto a este aspecto. Todos los que iban al matrimonio católico sabían perfectamente que era un compromiso para toda la vida. Hombre y mujer tenían esto bien claro, pero además los familiares de ambas partes del matrimonio eran los primeros en velar para que no hubiera separaciones. Siempre se tomaba como un compromiso delante de Dios al que no había que fallar por ningún motivo.

Infinidad de mujeres vivían un verdadero martirio con hombres que les hacían la vida imposible; no había lógica para seguir viviendo con esos monstruos. Sin embargo, hubo muchas mujeres que por su fe en Dios soportaron situaciones realmente increíbles. Aquí, hay quienes piensan que la Iglesia contribuyó a la opresión de la mujer, bajo el argumento de que "era la cruz que Dios les había dado". Es muy posible que sí y creo que debemos pedir perdón de esas faltas cometidas.

Ahora está todo el extremo opuesto. Hay gente que no quiere saber nada de dificultades. Les sobra el amor mientras su pareja tiene dinero y cumple caprichos, mientras el trabajo no falta y la persona trabaja como loca; les sobra el amor mientras las cosas están bien, mientras no hay hijos o hijas que requieran atención de parte de los padres. Sobra el amor en la pareja cuando huyen a los compromisos que hay que tener con la sociedad, que reclama su colaboración en el crecimiento de la comunidad. Sobra el amor cuando todo sale como nos conviene, pero ¿existe el verdadero amor?

Además, en películas y telenovelas les muestran las relaciones íntimas de los protagonistas con tal idealización que los jóvenes, a la hora de querer escoger pareja para casarse, no encuentran nada parecido con lo que han visto en la televisión. Cuando comienzan a vivir la experiencia matrimonial, como no llevaban una visión integral del matrimonio, en un corto tiempo ya están viviendo problemas serios para entenderse. ■

VIVIENDO NUESTRA FE

La Iglesia sigue sosteniendo la doctrina sobre el matrimonio de un solo hombre con una sola mujer y para toda la vida. Para muchas personas, esto es insostenible y lo ven como un irrisorio ideal que sería muy bonito poder lograr, pero que no está al alcance de un ser humano. Y quizá tendríamos que aceptar que si esto se basara o apoyara en las solas fuerzas humanas, tendrían toda la razón. Pero, por eso, el matrimonio católico se hace públicamente de frente a la comunidad y se pide el apoyo divino. Cuando en el matrimonio católico se habla de un solo hombre y una sola mujer para toda la vida, se está pensando en la perpetuación y perfección del amor entre dos seres que se quieren y que no van al matrimonio con la sola obsesión del placer sexual, sino que están pensando en formar una comunidad de amor.

PREGUNTAS PARA REFLEXIONAR

1. ¿Cuál es tu idea sobre el matrimonio?

2. ¿Qué piensas sobre las relaciones sexuales prematrimoniales?

3. ¿Qué actitud tienes ante el divorcio y los divorciados?

4. ¿Qué crees que la Iglesia debe hacer por los divorciados?

LECTURAS SEMANALES: Juan 1:1—2:1, 11; Jonás 3:1–10; Jonás 4:1–11; Malaquías 3:13–20a; Joel 1:13–15; 2:1–2; Joel 4:12–21.

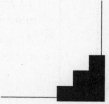

Sabiduría 7:7–11

Supliqué y se me concedió la prudencia; invoqué y vino sobre mí el espíritu de sabiduría. La preferí a los cetros y a los tronos, y en comparación con ella tuve en nada la riqueza. No se puede comparar con la piedra más preciosa, porque todo el oro, junto a ella, es un poco de arena y la plata es como lodo en su presencia.

La tuve en más que la salud y la belleza; la preferí a la luz, porque su resplandor nunca se apaga. Todos los bienes me vinieron con ella; sus manos me trajeron riquezas incontables.

SEGUNDA LECTURA

Hebreos 4:12–13

Hermanos: La palabra de Dios es viva, eficaz y más penetrante que una espada de dos filos. Llega hasta lo más íntimo del alma, hasta la médula de los huesos y descubre los pensamientos e intenciones del corazón. Toda criatura es transparente para ella. Todo queda al desnudo y al descubierto ante los ojos de aquel a quien debemos rendir cuentas.

EVANGELIO

Marcos 10:17–30

En aquel tiempo, cuando salía Jesús al camino, se le acercó corriendo un hombre, se arrodilló ante él y le preguntó: "Maestro bueno, ¿qué debo hacer para alcanzar la vida eterna?" Jesús le contestó: "¿Por qué me llamas bueno? Nadie es bueno sino sólo Dios. Ya sabes los mandamientos: No matarás, no cometerás adulterio, no robarás, no levantarás falso testimonio, no cometerás fraudes, honrarás a tu padre y a tu madre".

Entonces él le contestó: "Maestro, todo eso lo he cumplido desde muy joven". Jesús lo miró con amor y le dijo: "Sólo una cosa te falta: Ve y vende lo que tienes, da el dinero a los pobres y así tendrás un tesoro en los cielos. Después, ven y sígueme". Pero al oír estas palabras, el hombre se entristeció y se fue apesadumbrado, porque tenía muchos bienes.

Jesús, mirando a su alrededor, dijo entonces a sus discípulos: "¡Qué difícil les va a ser a los ricos entrar en el Reino de Dios!" Los discípulos quedaron sorprendidos ante estas palabras; pero Jesús insistió: "Hijitos, ¡qué difícil es para los que confían en las riquezas, entrar en el Reino de Dios! Más fácil le es a un camello pasar por el ojo de una aguja, que a un rico entrar en el Reino de Dios". Ellos se asombraron todavía más y comentaban entre sí: "Entonces, ¿quién puede salvarse?" Jesús, mirándolos fijamente, les dijo: "Es imposible para los hombres, mas no para Dios. Para Dios todo es posible".

Entonces Pedro le dijo a Jesús: "Señor, ya ves que nosotros lo hemos dejado todo para seguirte".

Jesús le respondió: "Yo les aseguro: Nadie que haya dejado casa, o hermanos o hermanas, o padre o madre, o hijos o tierras, por mí y por el Evangelio, dejará de recibir, en esta vida, el ciento por uno en casas, hermanos, hermanas, madres, hijos y tierras, junto con persecuciones, y en el otro mundo, la vida eterna".

AQUÉL JOVEN, según parece con toda sinceridad, no teme decirle a Jesús que los mandamientos de Dios los ha cumplido siempre. Cristo, a su vez, parece reconocer que es verdad lo que le dice, pero lo motiva a buscar algo superior.

La sentencia de Cristo ante aquel joven que amaba a sus bienes más que a Dios no pudo soportar lo que Cristo le pedía. Éste es un problema serio para quienes se llenan de bienes y se apegan de tal forma a ellos que es demasiado difícil perderlos. La persona, en cuanto consigue algo, rara vez piensa en la forma en que puede hacer un bien a los demás; más bien piensa en amasar más capital. Cuando se compara consigo mismo, reconoce que ha conseguido mucho, pero en cuanto se compara con los demás, puede llegar a sentirse demasiado pequeño y comienza una competencia que jamás terminará. Competirá contra toda su ambición sin saber que el mundo entero no le basta para saciarla.

Una vez que una persona se llena de seguridad con los bienes acumulados y se siente fuerte para competir con los demás, ya no es fácil que mire hacia abajo. Siempre tiene mil explicaciones para demostrar que todo se debe a su gran capacidad e ingenio en hacer negocios; los demás, los que no tienen, o son gente floja o no tienen agallas para lanzarse a cosas grandes. Cuando se le pide algo para una obra de caridad o de servicio social, fácilmente da cualquier miseria en comparación con lo que tiene, y frecuentemente lo hace con platillos y campanas para que todo mundo se dé cuenta de que es una persona generosa. Cuando se trata de compartir sus bienes con sus mismos trabajadores, siempre sacará a relucir toda la problemática que un empresario tiene para poder mantener "su" negocio, y los trabajadores deberían estar agradecidos de que no les falte trabajo.

Mientras el rico extiende sus propiedades, abre cada día nuevas sucursales, construye nuevas residencias y su fortuna sigue creciendo, el pobre (aunque tenga el mismo tiempo trabajando) debe vivir con toda clase de limitaciones. Tiene que pagar renta porque no ha podido construir su casa propia, y cuando se ofrece alguna enfermedad, tiene que pedir prestado para curar a su familia. A menudo carece de recursos para dar educación a su familia y anda buscando hacer trabajos extras para poder subsistir. ■

VIVIENDO NUESTRA FE

¡Qué responsabilidad tan grande la de aquellas personas que se ven favorecidas por los bienes materiales! Si no son conscientes de su compromiso delante de Dios, es muy difícil que hagan un uso correcto de esos bienes. Por principio de cuentas, hay que saber que los bienes que Dios pone en nuestras manos no son sólo para nuestro provecho personal o familiar, sino que pesa sobre ellos una gran responsabilidad social. Los bienes materiales son el instrumento para ganarnos el cielo. Para lograrlo, no hay que olvidar que sólo somos administradores, no dueños.

PREGUNTAS PARA REFLEXIONAR

1. ¿Crees que los ricos y la riqueza son algo malo?

2. ¿Te acuerdas de tus trabajadores cuando te va bien en tus negocios?

3. ¿Por qué Cristo habló tan fuerte en contra de las riquezas?

LECTURAS SEMANALES: Sabiduría 7:7–11; Romanos 1:1–7; 1:16–25; 2:1–11; 3:21–30; 4:1–8; 2 Timoteo 4:10–17b.

18 DE OCTUBRE DE 2003

PRIMERA LECTURA

Isaías 53:10–11

El Señor quiso triturar a su siervo con el sufrimiento. Cuando entregue su vida como expiación, verá a sus descendientes, prolongará sus años y por medio de él prosperarán los designios del Señor. Por las fatigas de su alma, verá la luz y se saciará; con sus sufrimientos justificará mi siervo a muchos, cargando con los crímenes de ellos.

SEGUNDA LECTURA

Hebreos 4:14–16

Hermanos: Puesto que Jesús, el Hijo de Dios, es nuestro sumo sacerdote, que ha entrado en el cielo, mantengamos firme la profesión de nuestra fe. En efecto, no tenemos un sumo sacerdote que no sea capaz de compadecerse de nuestros sufrimientos, puesto que él mismo ha pasado por las mismas pruebas que nosotros, excepto el pecado.

Acerquémonos, por tanto, con plena confianza al trono de la gracia, para recibir misericordia, hallar la gracia y obtener ayuda en el momento oportuno.

EVANGELIO

Marcos 10:35–45

En aquel tiempo, se acercaron a Jesús Santiago y Juan, los hijos de Zebedeo, y le dijeron: "Maestro, queremos que nos concedas lo que vamos a pedirte". Él les dijo: "¿Qué es lo que desean?" Le respondieron: "Concede que nos sentemos uno a tu derecha y otro a tu izquierda, cuando estés en tu gloria". Jesús les replicó: "No saben lo que piden. ¿Podrán pasar la prueba que yo voy a pasar y recibir el bautismo con que seré bautizado?" Le respondieron: "Sí podemos". Y Jesús les dijo: "Ciertamente pasarán la prueba que yo voy a pasar y recibirán el bautismo con que yo seré bautizado; pero eso de sentarse a mi derecha o a mi izquierda no me toca a mí concederlo; eso es para quienes está reservado".

Cuando los otros diez apóstoles oyeron esto, se indignaron contra Santiago y Juan. Jesús reunió entonces a los Doce y les dijo: "Ya saben que los jefes de las naciones las gobiernan como si fueran sus dueños y los poderosos las oprimen. Pero no debe ser así entre ustedes. Al contrario: el que quiera ser grande entre ustedes, que sea su servidor, y el que quiera ser el primero, que sea el esclavo de todos, así como el Hijo del hombre, que no ha venido a que lo sirvan, sino a servir y a dar su vida por la redención de todos".

EN EL Evangelio de hoy encontramos dos criterios de grandeza totalmente opuestos: el que presenta el mundo (basado en el poder), en contraposición al que Cristo nos presenta (basado en el servicio). Como que el mundo y Jesús no se han puesto de acuerdo.

Apenas el niño comienza a moverse y caminar, es capaz de echar pleito y defender sus cosas. Si se trata de un juguete, suelta el llanto en cuanto alguien lo toma. De hecho, la naturaleza misma viene cargada de un enorme egoísmo. El niño, aunque esté lleno de juguetes y en sus manos no quepan más dulces, sigue pidiendo y exigiendo más. Cómo cuesta trabajo irle enseñando al niño a desprenderse de sus cosas, a que las comparta con sus amigos.

Ya en la infancia se vive una competencia rabiosa por las calificaciones en las escuelas, por ser los primeros en los deportes y por lucir las mejores garras. Las controversias más fuertes entre los muchachos están ordinariamente relacionadas con quiénes de ellos son los más importantes y mejor apreciados en las escuelas, en los campos deportivos, en los bailes y en los lugares públicos.

Lo más interesante es cuando se llega al matrimonio. Cada pareja emprende una lucha encarnizada por la superación, a cual más quieren ir escalando peldaños en el reconocimiento social. Todos comentan y platican de sus triunfos profesionales o al menos de lo que va comprando poco a poco. La estatura de una persona en el campo social se mide por la cantidad de bienes que se va acumulando, o por la cantidad de éxitos y reconocimientos en la vida profesional. Desgraciadamente esta lucha, que no está mal mientras sirva para una digna y provechosa superación de las personas, en muchos casos se clava al interior de los mismos matrimonios y se vive una guerra cruel en la que tanto él como ella quiere a toda costa estar por encima del otro, nadie quiere ser súbdito de nadie y el final de todo es la destrucción de las parejas y familias que terminan por divorciarse y dejar a los hijos tirados en la calle. Ésta es una situación llevada hasta el extremo.

Cristo captó de inmediato esta problemática entre sus apóstoles cuando ya estaban peleando por un lugar privilegiado dentro de su Reino; les puso las cartas en las manos aclarándoles con toda precisión cual sería el criterio de grandeza en el Reino de Dios: el servicio. ■

VIVIENDO NUESTRA FE

Para el cristiano, cada peldaño que se va escalando debe convertirse en la oportunidad de servir mejor a los demás y llenarse de humildad, reconociendo que todo lo que consigue debe verse primero como un regalo de Dios y un mayor compromiso de servir a sus semejantes. En este mundo hay muchas personas que en cuanto consiguen el más mínimo ascenso en cualquiera de los caminos que emprenden, lo utilizan para aprovecharse de los demás, buscando sacar la mayor ventaja posible.

PREGUNTAS PARA REFLEXIONAR

1. ¿Cuál es tu manera de pensar cuando logras algo importante en la vida?

2. ¿Qué actitudes descubres en las personas que van logrando puestos importantes?

3. ¿Cuál es tu actitud frente a las personas que logran superarse?

4. ¿Qué te parecen los criterios de grandeza que Cristo muestra a sus apóstoles?

5. ¿Cuál es tu actitud frente al servicio?

LECTURAS SEMANALES: Romanos 4:20–25; 5:12, 15b, 17–19, 20b–21; 6:12–18; 6:19–23; 7:18–25a; 8:1–11.

26 DE OCTUBRE DE 2003

PRIMERA LECTURA

Jeremías 31:7-9

Esto dice el Señor: "Griten de alegría por Jacob, regocíjense por el mejor de los pueblos; proclamen, alaben y digan: 'El Señor ha salvado a su pueblo, al grupo de los sobrevivientes de Israel'.

"He aquí que yo los hago volver del país del norte y los congrego desde los confines de la tierra. Entre ellos vienen el ciego y el cojo, la mujer encinta y la que acaba de dar a luz.

"Retorna una gran multitud; vienen llorando, pero yo los consolaré y los guiaré; los llevaré a torrentes de agua por un camino llano en el que no tropezarán. Porque yo soy para Israel un padre y Efraín es mi primogénito".

SEGUNDA LECTURA

Hebreos 5:1-6

Hermanos: Todo sumo sacerdote es un hombre escogido entre los hombres y está constituido para intervenir en favor de ellos ante Dios, para ofrecer dones y sacrificios por los pecados. Él puede comprender a los ignorantes y extraviados, ya que él mismo está envuelto en debilidades. Por eso, así como debe ofrecer sacrificios por los pecados del pueblo, debe ofrecerlos también por los suyos propios.

Nadie puede apropiarse ese honor, sino sólo aquel que es llamado por Dios, como lo fue Aarón. De igual manera, Cristo no se confirió a sí mismo la dignidad de sumo sacerdote; se la otorgó quien le había dicho: Tú eres mi Hijo, yo te he engendrado hoy. O como dice otro pasaje de la Escritura: Tú eres sacerdote eterno, como Melquisedec.

EVANGELIO

Marcos 10:46-52

En aquel tiempo, al salir Jesús de Jericó en compañía de sus discípulos y de mucha gente, un ciego, llamado Bartimeo, se hallaba sentado al borde del camino pidiendo limosna. Al oír que el que pasaba era Jesús Nazareno, comenzó a gritar: "¡Jesús, hijo de David, ten compasión de mí!" Muchos lo reprendían para que se callara, pero él seguía gritando todavía más fuerte: "¡Hijo de David, ten compasión de mí!".

Jesús se detuvo entonces y dijo: "Llámenlo". Y llamaron al ciego, diciéndole: "¡Ánimo! Levántate, porque él te llama". El ciego tiró su manto; de un salto se puso en pie y se acercó a Jesús. Entonces le dijo Jesús: "¿Qué quieres que haga por ti?" El ciego le contestó: "Maestro, que pueda ver". Jesús le dijo: "Vete; tu fe te ha salvado". Al momento recobró la vista y comenzó a seguirlo por el camino.

SÁBADO 1° DE NOVIEMBRE DE 2003
Todos los Santos

Apocalipsis 7:2-4, 9-14
Vi un gentío inmenso imposible de contar, de toda nación, raza, pueblo y lengua.

1 Juan 3:1-3
Veremos a Dios tal como es.

Mateo 5:1-12
Alégrense y muéstrense contentos, porque será grande la recompensa que recibirán en el cielo.

LOS HOMBRES y mujeres de hoy experimentamos una ceguera universal en muchos aspectos de la vida. Corremos fácilmente tras los ídolos modernos de la droga, la violencia, el terrorismo, el racismo, el sexo y el poder en cualquiera de sus expresiones. La gente ha perdido casi por completo la noción de pecado; ahora todo está permitido. Hay cantidad de personas que piensan que el pecado es un invento de una Iglesia tradicional, y que es un concepto y una situación superada. Los jóvenes de hoy presumen haber acabado con cuanta ley existía, pero no es cuestión de leyes humanas, sino de valores eternos y, por lo tanto, divinos. Ahora lo interesante es vivir una libertad desenfrenada donde hay que obtener el máximo placer con el mínimo dolor.

Por ejemplo, la pornografía no ha dejado rincón limpio. Ahora no sólo se da entre adultos; se ha explotado vilmente a los niños y se les ha utilizado de muchísimas maneras. Y si esto no es pecado, entonces me gustaría que alguien me dijera qué es pecado. Si los actos de terrorismo e invasión de una nación a otra más débil no es un pecado, entonces necesito que alguien me ayude a definir lo que es el pecado.

El ser humano ha perdido por completo el sentido de la corresponsabilidad en la procreación humana, y ahora todo mundo tiene un pavor horroroso a tener un hijo porque es una gran responsabilidad. La gente quiere relaciones sexuales, quiere placer, pero no quiere un hijo; quiere el placer sin los compromisos del verdadero amor. Los millones de abortos que se cometen en el mundo nos hablan de la degradación moral en que ha caído el hombre de hoy y la frialdad e indiferencia ante la vida humana.

El ciego del Evangelio es consciente de su ceguera y siente la necesidad de ver; por eso, acude a Cristo pidiendo ayuda. La gente de hoy cree ver perfectamente y no siente ni la más mínima necesidad de pedir ayuda; por eso, las esperanzas de ver son muy remotas. Nuestro mundo se precipita cada vez más al abismo de la maldad como si estuviera haciendo lo mejor. ■

VIVIENDO NUESTRA FE

Para los padres de familia es una agonía desesperada el trato y relación con sus hijos, sobre todo de la adolescencia en adelante, porque no es posible encontrar una manera de entenderse. Los hijos, ahora ya con trabajo y dinero, exigen toda clase de libertades y no quieren perderse baile alguno en cualquier tipo de antro, donde ordinariamente se terminan las funciones en la madrugada. Los jóvenes cuentan con todo el tiempo y espacio suficientes para probar toda clase de aventuras y experiencias. ¿Es ésta la visión o modelo de vida propuesto por el Evangelio?

PREGUNTAS PARA REFLEXIONAR

1. ¿Qué pueden y deben hacer los padres de familia para advertir a sus hijos respecto a los peligros que les asechan?

2. ¿Qué debemos hacer los hombres y las mujeres de hoy para tomar conciencia del pecado?

3. ¿Qué debemos hacer ante nuestra propia ceguera?

LECTURAS SEMANALES: Romanos 8:12-17; Efesios 2:19-22; Romanos 8:26-30; 8:31b-39; 9:1-5; Apocalipsis 7:2-4, 9-14.

2 DE NOVIEMBRE DE 2003

PRIMERA LECTURA

Daniel 12:1-3

En aquel tiempo, se levantará Miguel, el gran príncipe que defiende a tu pueblo.

Será aquél un tiempo de angustia, como no lo hubo desde el principio del mundo. Entonces se salvará tu pueblo: todos aquellos que están escritos en el libro. Muchos de los que duermen en el polvo, despertarán: unos para la vida eterna, otros para el eterno castigo.

Los guías sabios brillarán como el esplendor del firmamento, y los que enseñan a muchos la justicia, resplandecerán como estrellas por toda la eternidad.

SEGUNDA LECTURA

Romanos 6:3-9

Hermanos: Todos los que hemos sido incorporados a Cristo Jesús por medio del bautismo, hemos sido incorporados a su muerte. En efecto, por el bautismo fuimos sepultados con Él en su muerte, para que, así como Cristo resucitó de entre los muertos por la gloria del Padre, así también nosotros llevemos una vida nueva.

Porque si hemos estado íntimamente unidos a Él por una muerte semejante a la suya, también lo estaremos en su resurrección. Sabemos que nuestro viejo yo fue crucificado con Cristo, para que el cuerpo del pecado quedara destruido, a fin de que ya no sirvamos al pecado, pues el que ha muerto queda libre del pecado.

Por lo tanto, si hemos muerto con Cristo, estamos seguros de que también viviremos con Él; pues sabemos que Cristo, una vez resucitado de entre los muertos, ya nunca morirá. La muerte ya no tiene dominio sobre Él.

EVANGELIO

Juan 17:24-26

En aquel tiempo, Jesús levantó los ojos al cielo y dijo: "Padre, quiero que donde yo esté, estén también conmigo los que me has dado, para que contemplen mi gloria, la que me diste, porque me has amado antes de la creación del mundo.

Padre justo, el mundo no te ha conocido; pero yo sí te conozco y éstos han conocido que tú me enviaste. Yo les he dado a conocer tu nombre y se lo seguiré dando a conocer, para que el amor con que me amas esté con ellos y yo también en ellos".

 **CUANDO HABLAMOS** de los fieles difuntos, ordinariamente viene a nuestra mente la idea de pedir por las almas que están en el purgatorio. En este día se celebran muchas Misas y, de manera especial, se realizan en muchas partes dentro de los panteones. La afluencia de personas a las celebraciones de este día ordinariamente es muy abundante. Se tiene todavía una conciencia muy clara de la necesidad de encomendar a nuestros difuntos y de pedir a Dios que ya estén descansando en la paz del Señor.

Cuando recordamos a nuestros difuntos que ya están gozando del banquete eterno, no nos queda sino dar gracias al Señor y encomendarnos a sus súplicas ante Dios, pues una vez que han logrado salvar el alma, se convierten en bienhechores e intercesores nuestros ante la divinidad. Además, podemos imitar las buenas obras que hicieron en este mundo y que los tienen ahora gozando de la gloria eterna.

Cuando recordamos a los hermanos que, por la razón que sea, aún no han podido cruzar los umbrales del cielo, no nos queda sino intensificar nuestra oración llena de fe, pidiendo con todas nuestras fuerzas al Señor que los reciba en su gloria. Hay personas que tienen serias dudas en relación al valor y la importancia de la oración, sobre todo cuando son personas que murieron hace ya algún tiempo, que según ellas ya fueron juzgadas por Dios. Creen en ese caso ya no tendría valor pedir por ellas porque la Iglesia nos dice que los seres humanos son juzgados en el momento mismo de su muerte. Sin embargo, debemos tomar en cuenta que para Dios no hay tiempo; por ello, las oraciones que hacemos por personas que hayan muerto hace cientos o miles de años, Dios pudo haberlas tomado en cuenta en el instante de la muerte de esas personas y darles un momento de arrepentimiento. Igualmente, los padres de familia pueden estar encomendando durante toda la vida a sus hijos. Piden al Señor que tenga piedad de ellos en el momento de su muerte o para darles gracias durante la vida, de tal forma que esas gracias puedan ser una gran ayuda para su salvación en el momento oportuno. ■

VIVIENDO NUESTRA FE

La devoción cristiana de pedir por las ánimas del purgatorio es una muestra palpable de nuestra fe en lo sobrenatural, en la otra vida, en la resurrección y en la comunión de los santos. Las ánimas del purgatorio no pueden hacer nada por sí mismas para reducir sus penas, pero sí pueden interceder por nosotros ante el Señor, y muchas personas alcanzan grandes favores de Dios por la intercesión de ellas. Jamás dejemos de pedir por nuestros familiares, amigos y conocidos difuntos, pues nunca tenemos la plena seguridad de que ellos gocen ya de la gloria eterna.

Además, nuestras oraciones nunca se desperdician. Dios en su divina providencia siempre sabrá darles el destino correcto. Al recordar a nuestros fieles difuntos, debemos reflexionar en la necesidad de vivir conforme a los mandatos del Señor para no vernos en esa situación de tener que pasar por el purgatorio. Vivamos de tal forma que no tengamos que arrepentirnos de nuestra manera de vivir al final de nuestra vida.

PREGUNTAS PARA REFLEXIONAR

1. En tu país de origen, ¿cómo celebran el día de los muertos?

2. ¿Qué te enseña esta manera de celebrar?

3. ¿Qué piensas sobre la muerte?

Ezequiel 47:1-2, 8-9, 12

En aquellos tiempos, un hombre me llevó a la entrada del templo. Por debajo del umbral manaba agua hacia el oriente, pues el templo miraba hacia el oriente, y el agua bajaba por el lado derecho del templo, al sur del altar.

Luego me hizo salir por el pórtico del norte y dar la vuelta hasta el pórtico que mira hacia el oriente, y el agua corría por el lado derecho.

Aquel hombre me dijo: "Estas aguas van hacia la región oriental; bajarán hasta el Arabá, entrarán en el mar de aguas saladas y lo sanearán. Todo ser viviente que se mueva por donde pasa el torrente, vivirá; habrá peces en abundancia, porque los lugares a donde lleguen estas aguas quedarán saneados y por dondequiera que el torrente pase, prosperará la vida. En ambas márgenes del torrente crecerán árboles frutales de toda especie, de follaje perenne e inagotables frutos. Darán frutos nuevos cada mes, porque los riegan las aguas que manan del santuario. Sus frutos servirán de alimento y sus hojas, de medicina".

1 Corintios 3:9-11, 16-17

Hermanos: Ustedes son la casa que Dios edifica. Yo, por mi parte, correspondiendo al don que Dios me ha concedido, como un buen arquitecto, he puesto los cimientos; pero es otro quien construye sobre ellos. Que cada uno se fije cómo va construyendo. Desde luego, el único cimiento válido es Jesucristo y nadie puede poner otro distinto.

¿No saben acaso ustedes que son el templo de Dios y que el Espíritu de Dios habita en ustedes? Quien destruye el templo de Dios, será destruido por Dios, porque el templo de Dios es santo y ustedes son ese templo.

Juan 2:13-22

Cuando se acercaba la Pascua de los judíos, Jesús llegó a Jerusalén y encontró en el templo a los vendedores de bueyes, ovejas y palomas, y a los cambistas con sus mesas. Entonces hizo un látigo de cordeles y los echó del templo, con todo y sus ovejas y bueyes; a los cambistas les volcó las mesas y les tiró al suelo las monedas; y a los que vendían palomas les dijo: "Quiten todo de aquí y no conviertan en un mercado la casa de mi padre".

En ese momento, sus discípulos se acordaron de lo que estaba escrito: El celo de tu casa me devora.

Después intervinieron los judíos para preguntarle: "¿Qué señal nos das de que tienes autoridad para actuar así?". Jesús les respondió: "Destruyan este templo y en tres días lo reconstruiré". Replicaron los judíos: "Cuarenta y seis años se ha llevado la construcción del templo, ¿y tú lo vas a levantar en tres días?".

Pero él hablaba del templo de su cuerpo. Por eso, cuando resucitó Jesús de entre los muertos, se acordaron sus discípulos de que había dicho aquello y creyeron en la escritura y en las palabras que Jesús había dicho.

DAVID NO pudo soportar que el arca de la alianza continuara en una tienda mientras él gozaba ya de un bello palacio. ¿Cómo no dedicar un lugar y hacer un templo para el dueño y Señor de cuanto existe? Sabemos perfectamente que Dios es omnipresente, que lo llena todo, que nada existe de cuanto hay en este mundo sin su voluntad. Pero los seres humanos sentimos la necesidad de dedicarle un lugar, donde lo sintamos presente de una manera más concreta y especial; un lugar que Dios santifica con su presencia, porque nuestro Dios es Santo. Cuando Moisés se acercó a la zarza ardiendo admirado de que no se consumía, oyó de inmediato la voz del Señor que le decía: "Quítate las sandalias, porque el lugar que pisas es santo". Jacob, en su sueño, se da cuenta de que ha dormido en la puerta que lleva al cielo.

David quiere construirle su casa al Señor, pero sus manos están manchadas de sangre y Dios no se lo permite: Salomón llevará a cabo esa obra.

En los lugares de oración encontramos a menudo un ambiente de paz, algo que brota a raudales y refresca el espíritu humano. Todo influye a esto: el diseño arquitectónico del templo, que no sólo acentúa la presencia de Dios, sino también la proclamación de la palabra; la asamblea que se reúne, y también la persona que preside la oración. La ambientación que le demos al lugar de oración puede afectar la alegría de los hijos e hijas de Dios.

En ocasiones siempre vemos las mismas velas, sucias por cierto. Flores de plástico. Manteles rotos y sucios. Los tiempos litúrgicos a veces parecen no pasar por la iglesia porque no la decoramos de acuerdo a ellos. Ah, y para esto no se necesita ser rico; hay que explotar la imaginación y los recursos que tenemos a la mano. Eso nos ayudará a mantener adornada propiamente la casa de Dios y a celebrar cada domingo su presencia entre nosotros.

Cada templo es un lugar donde los fieles pueden lograr un encuentro más firme y seguro con su creador; allí se nace a la vida de Dios y se cuenta con todos los medios necesarios para hacer crecer y madurar la vida divina. Aun cuando a Dios no lo podemos encerrar en un lugar, sin embargo él mismo elige lugares en los que de manera muy especial hace sentir su presencia derramando sus dones a cuantos se acerquen a él. ■

16 DE NOVIEMBRE DE 2003

PRIMERA LECTURA

1 Reyes 17:10-16

En aquel tiempo, el profeta Elías se puso en camino hacia Sarepta. Al llegar a la puerta de la ciudad, encontró allí a una viuda que recogía leña. La llamó y le dijo: "Tráeme, por favor, un poco de agua para beber". Cuando ella se alejaba, el profeta le gritó: "Por favor, tráeme también un poco de pan". Ella le respondió: "Te juro por el Señor, tu Dios, que no me queda ni un pedazo de pan; tan sólo me queda un puñado de harina en la tinaja y un poco de aceite en la vasija. Ya ves que estaba recogiendo unos cuantos leños. Voy a preparar un pan para mí y para mi hijo. Nos lo comeremos y luego moriremos".

Elías le dijo: "No temas. Anda y prepáralo como has dicho; pero primero haz un panecillo para mí y tráemelo. Después lo harás para ti y para tu hijo, porque así dice el Señor Dios de Israel: 'La tinaja de harina no se vaciará, la vasija de aceite no se agotará, hasta el día en que el Señor envíe la lluvia sobre la tierra'".

Entonces ella se fue, hizo lo que el profeta le había dicho y comieron él, ella y el niño. Y tal como había dicho el Señor por medio de Elías, a partir de ese momento ni la tinaja de harina se vació, ni la vasija de aceite se agotó.

SEGUNDA LECTURA

Hebreos 9:24-28

Hermanos: Cristo no entró en el santuario de la antigua alianza, construido por mano de hombres y que sólo era figura del verdadero, sino en el cielo mismo, para estar ahora en la presencia de Dios, intercediendo por nosotros.

En la antigua alianza, el sumo sacerdote entraba cada año en el santuario para ofrecer una sangre que no era la suya; pero Cristo no tuvo que ofrecerse una y otra vez a sí mismo en sacrificio, porque en tal caso habría tenido que padecer muchas veces desde la creación del mundo. De hecho, él se manifestó una sola vez, en el momento culminante de la historia, para destruir el pecado con el sacrificio de sí mismo. Así como está determinado que los hombres mueran una sola vez y que después de la muerte venga el juicio, así también Cristo se ofreció una sola vez para quitar los pecados de todos. Al final se manifestará por segunda vez, pero ya no para quitar el pecado, sino para salvación de aquellos que lo aguardan y en él tienen puesta su esperanza.

EVANGELIO

Marcos 12:38-44

En aquel tiempo, enseñaba Jesús a la multitud y le decía: "¡Cuidado con los escribas! Les encanta pasearse con amplios ropajes y recibir reverencias en las calles; buscan los asientos de honor en las sinagogas y los primeros puestos en los banquetes; se echan sobre los bienes de las viudas haciendo ostentación de largos rezos. Éstos recibirán un castigo muy riguroso".

En una ocasión Jesús estaba sentado frente a las alcancías del templo, mirando cómo la gente echaba allí sus monedas. Muchos ricos daban en abundancia. En esto, se acercó una viuda pobre y echó dos moneditas de muy poco valor. Llamando entonces a sus discípulos, Jesús les dijo: "Yo les aseguro que esa pobre viuda ha echado en la alcancía más que todos. Porque los demás han echado de lo que les sobraba; pero ésta, en su pobreza, ha echado todo lo que tenía para vivir".

ESTAMOS LLEGANDO a los últimos domingos del año litúrgico y, por ello, la liturgia de estos días nos habla del final de los tiempos o de la segunda venida de Cristo.

Nos pasamos la vida luchando con todas las fuerzas para mejorar nuestra vida aquí en la tierra, pero sucede que cuando más o menos logramos el intento, nos llega la hora de partir de este mundo a la eternidad. Frecuentemente podemos sentirnos con las manos completamente vacías para enfrentar la otra vida, para la cual hemos sido creados y en la que viviremos por siempre. Desperdiciamos inútilmente todas nuestras energías trabajando en este mundo, como si aquí fuéramos a vivir eternamente. Nos afanamos día y noche, y a veces no descansamos ni los días festivos; no tenemos tiempo para tomar vacaciones, tampoco para dedicarle tiempo a nuestra familia. Y al final de la vida, caemos en la cuenta de que no podemos llevarnos ni un solo centavo con nosotros a la otra vida.

La mayoría de los padres de familia ponen siempre el pretexto de que trabajan intensamente para asegurar un patrimonio familiar. Pero nos encontramos a su vez con infinidad de casos en los que podemos constatar que mientras los padres viven no son capaces de compartir en nada su patrimonio con los hijos sino hasta el día de su muerte. Por lo mismo, como no educan a sus hijos desde pequeños en la recta administración de los bienes, al final de cuentas, cuando se tienen que repartir la famosa herencia, es casi imposible que se pongan de acuerdo en la manera de repartirla entre todos los hijos y sólo sirva para enfrentamientos, discordias y pleitos interminables, todo sin sentido alguno.

Lo importante es no perder de vista la vida eterna y vivir siempre listos, como si hoy mismo fuéramos a encontrar a Dios. ■

VIVIENDO NUESTRA FE

Cuando tenemos una pasión dominante, se nos hace demasiado difícil cortarla de inmediato. Siempre pensamos que después habrá tiempo para ello. Pero sucede que cuando menos se espera, estamos metidos en un serio problema: herimos profundamente a las personas y luego enfrentamos una crisis moral bastante seria. Llega un momento en que los vicios nos ponen en situaciones límites y ya no tenemos la fuerza suficiente para desprendernos de ellos. ¿Qué hacer en este caso? Buscar ayuda profesional, espiritual y aceptar la ayuda de los demás.

PREGUNTAS PARA REFLEXIONAR

1. De acuerdo al Evangelio, ¿con cuál grupo te identificas?

2. ¿Acostumbras a vivir en la gracia de Dios o eso te tiene sin cuidado alguno?

3. ¿Sabes reconocer tus fallas y permites que se te ayude?

4. ¿Qué significa para ti estar preparado?

LECTURAS SEMANALES: Tito 1:1-9; 2:1-8, 11-14; 3:1-7; Filemón 7-20; 2 Juan 4-9; 3 Juan 5-8.

PRIMERA LECTURA

Génesis 3:9-15, 20

Después de que el hombre y la mujer comieron del fruto del árbol prohibido, el Señor Dios llamó al hombre y le preguntó: "¿Dónde estás?". Éste respondió: "Oí tus pasos en el jardín; y tuve miedo, porque estoy desnudo, y me escondí". Entonces le dijo Dios: "¿Y quién te ha dicho que estabas desnudo? ¿Has comido acaso del árbol del que te prohibí comer?".

Respondió Adán: "La mujer que me diste por compañera me ofreció del fruto del árbol y comí". El Señor Dios dijo a la mujer: "¿Por qué has hecho esto?". Repuso la mujer: "La serpiente me engañó y comí".

Entonces dijo el Señor Dios a la serpiente: "Porque has hecho esto, serás maldita entre todos los animales y entre todas las bestias salvajes. Te arrastrarás sobre tu vientre y comerás polvo todos los días de tu vida. Pondré enemistad entre ti y la mujer, entre tu descendencia y la suya; y su descendencia te aplastará la cabeza, mientras tú tratarás de moder su talón".

El hombre le puso a su mujer el nombre de "Eva", porque ella fue la madre de todos los vivientes.

SEGUNDA LECTURA

Gálatas 4:4-7

Hermanos: Al llegar la plenitud de los tiempos, envió Dios a su Hijo, nacido de una mujer, nacido bajo la ley, para rescatar a los que estábamos bajo la ley, a fin de hacernos hijos suyos.

Puesto que ya son ustedes hijos, Dios envió a sus corazones el Espíritu de su Hijo, que clama "¡Abbá!", es decir, ¡Padre! Así que ya no eres siervo, sino hijo; y siendo hijo, eres también heredero por voluntad de Dios.

EVANGELIO

Lucas 1:39-47

En aquellos días, María se encaminó presurosa a un pueblo de las montañas de Judea y, entrando en la casa de Zacarías, saludó a Isabel. En cuanto ésta oyó el saludo de María, la creatura saltó de gozo en su seno.

Entonces Isabel quedó llena del Espíritu Santo, y levantando la voz, exclamó: "¡Bendita tú entre las mujeres y bendito el fruto de tu vientre! ¿Quién soy yo para que la madre de mi Señor venga a verme? Apenas llegó tu saludo a mis oídos, el niño saltó de gozo en mi seno. Dichosa tú, que has creído, porque se cumplirá cuanto te fue anunciado por parte del Señor".

Entonces dijo María: "Mi alma glorifica al Señor y mi espíritu se llena de júbilo en Dios, mi salvador".

CUANDO HABLAMOS de la divina providencia, nos referimos a ese cuidado constante que el Señor tiene para con la obra de su creación, pero de una manera muy particular por nosotros. Dios mismo llega a decir que aun cuando una madre se olvide del fruto de sus entrañas, él jamás se olvidará de nosotros.

Cuando miramos la obra de la creación y nos fijamos en los destrozos irreparables que hemos cometido, no podemos sino admirar la providencia divina que durante miles de millones de años pudo conservar su obra con un orden y una belleza admirable. Dios creó el universo para nosotros, pero no hemos sabido convivir con la naturaleza y nos hemos ensañado contra ella. Al ver los programas de televisión que nos muestran lo que queda del reino animal, constatamos que una infinidad de especies animales han desaparecido, a pesar de los esfuerzos enormes que algunas instituciones hacen por defender a muchas especies en peligro de extinción.

Las Sagradas Escrituras nos hablan de la confianza tan grande que el ser humano debe tener en la providencia divina. Todo esto que afirmamos de Dios como don universal para la humanidad podemos atribuirlo a nuestra madre santísima, al igual que nuestras madres de la tierra. Sabe estar al cuidado de todos sus hijos y es la primera en abogar por nosotros ante Dios siempre que lo necesitemos. La Santísima Virgen, como madre de Cristo e hija predilecta de Dios, se ha convertido en nuestra mejor intercesora. Su providencia se extiende a toda la humanidad y es la más firme colaboradora en la obra de salvación.

Si Cristo es el camino para llegar al Padre, María es la luz y guía que nos conduce a Cristo. Siendo la criatura que más íntimamente ha logrado estar unida a la Santísima Trinidad, cuenta con un poder inmenso de intercesión y todos sus devotos pueden alcanzar las gracias que soliciten.

Desde el momento en que somos bautizados, nos convertimos en hijos e hijas de Dios, y en ese aspecto somos hermanos de María. Pero al ser María santísima madre de Cristo, es también madre nuestra por ser nosotros hermanos de Cristo; por lo mismo, nos hacemos merecedores de los cuidados y atenciones de tan buena madre. La expresión de María como madre nos debe llenar de confianza. ■

VIVIENDO NUESTRA FE

El aceptar a María como madre nos "obliga" a vivir en hermandad espiritual. Es de todos sabido la influencia tan grande que desempeña la madre en la vida de cada uno de sus hijos. Por eso, aquellas personas que por la razón que sea se quedan sin madre a temprana edad, o que les toca la desgracia de tener una madre que nunca se preocupó de ellos, ordinariamente sufren demasiado y pasan los días de su vida con la sensación de un enorme vacío que no encuentran con qué llenarlo.

Hoy, en este mundo inmigrante, se necesitan madres que adopten hijos para sí, aunque no sean fruto de su vientre, y de hecho hay muchas. De igual manera, hay familias enteras que han sido providencia para quienes llegan a este país sin familia, y ellos no sólo se han convertido en padre y madre, sino en familia.

PREGUNTAS PARA REFLEXIONAR

1. ¿Cómo celebra la comunidad puertorriqueña esta fiesta mariana tan importante para ellos?
2. ¿Tienes alguna devoción a la Santísima Virgen? ¿Podrías compartirla?
3. ¿Qué significa para ti el tener una madre en el cielo y otra en la tierra?

PRIMERA LECTURA

Daniel 12:1-3

En aquel tiempo, se levantará Miguel, el gran príncipe que defiende a tu pueblo.

Será aquél un tiempo de angustia, como no lo hubo desde el principio del mundo. Entonces se salvará tu pueblo; todos aquellos que están escritos en el libro. Muchos de los que duermen en el polvo, despertarán: unos para la vida eterna, otros para el eterno castigo.

Los guías sabios brillarán como el esplendor del firmamento, y los que enseñan a muchos la justicia, resplandecerán como estrellas por toda la eternidad.

SEGUNDA LECTURA

Hebreos 10:11-14, 18

Hermanos: En la antigua alianza los sacerdotes ofrecían en el templo, diariamente y de pie, los mismos sacrificios, que no podían perdonar los pecados. Cristo, en cambio, ofreció un solo sacrificio por los pecados y se sentó para siempre a la derecha de Dios; no le queda sino aguardar a que sus enemigos sean puestos bajo sus pies. Así, con una sola ofrenda, hizo perfectos para siempre a los que ha santificado. Porque una vez que los pecados han sido perdonados, ya no hacen falta más ofrendas por ellos.

EVANGELIO

Marcos 13:24-32

En aquel tiempo, Jesús dijo a sus discípulos: "Cuando lleguen aquellos días, después de la gran tribulación, la luz del sol se apagará, no brillará la luna, caerán del cielo las estrellas y el universo entero se conmoverá. Entonces verán venir al Hijo del hombre sobre las nubes con gran poder y majestad. Y él enviará a sus ángeles a congregar a sus elegidos desde los cuatro puntos cardinales y desde lo más profundo de la tierra a lo más alto del cielo.

"Entiendan esto con el ejemplo de la higuera. Cuando las ramas se ponen tiernas y brotan las hojas, ustedes saben que el verano está cerca. Así también, cuando vean ustedes que suceden estas cosas, sepan que el fin ya está cerca, ya está a la puerta. En verdad que no pasará esta generación sin que todo esto se cumpla. Podrán dejar de existir el cielo y la tierra, pero mis palabras no dejarán de cumplirse. Nadie conoce el día ni la hora. Ni los ángeles del cielo ni el Hijo; solamente el Padre".

AL FINAL del año litúrgico, terminando ya casi el Evangelio que hemos venido leyendo durante la mayoría de los domingos del año, es normal que la Iglesia nos proponga el reflexionar sobre el día final. El año litúrgico lo empezamos preparándonos a la venida del Señor, y ahora finalizamos el año de cara a la segunda venida de Cristo.

Este día es muy importante para los cristianos. Para cuando Cristo venga de nuevo, encontraremos la plenitud de la justicia, no la voluntad del más fuerte. Será misericordioso para quien tuvo misericordia con los demás. Será el gran día de la Iglesia; los bautizados se revestirán de blanco y reconocerán al Cordero de Dios que quitó los pecados del mundo, que lavó nuestras almas y las hizo dignas para Dios. Este día es muy importante para la Iglesia. Después de la resurrección, la segunda venida es el día que esperamos. En la segunda venida las cosas cambian por completo; Cristo se presenta como el dueño y Señor de cuanto existe y su presencia en el mundo es para dar a cada uno según se merezca.

Será entonces cuando los malvados, que en este mundo hicieron de las suyas (robando, matando, secuestrando, asaltando y haciendo todo tipo de vejaciones para con sus semejantes), se vean de frente a frente con la justicia divina y tengan que reconocer sus crímenes, hasta aquellos más ocultos e inconfesables. Entonces ya no habrá posibilidad alguna de perdón, solamente para recibir el castigo adecuado a sus culpas. Entonces será cuando se escuchen aquellas palabras que sentenciarán para siempre a quienes no supieron vivir como Dios les había pedido: "Vayan al castigo eterno".

Por el contrario, cuantos fueron víctimas de todo tipo de atropellos por parte de los malvados, que sufrieron humillaciones sin contar y que pasaron momentos amargos para soportar la prepotencia e injusticias con que fueron tratados, escucharán aquellas las palabras consoladoras de Jesús: "Vengan benditos de mi Padre". Para estas personas, ya no habrá más sufrimiento o penalidad alguna; irán al gozo eterno del Señor y compartirán para siempre su Reino. ¿Dónde nos gustaría estar en ese momento? ■

VIVIENDO NUESTRA FE

Vivimos situaciones tremendas de injusticia y nos es difícil pensar que hay personas que las sufren todos los días y aún siguen viviendo. Aquí es donde se requiere una fe sólida. Existen mujeres que reciben opresión, golpes y humillación por parte de sus maridos. Gente pobre que recibe todo tipo de insultos, malos tratos, salarios miserables y discriminación por su estado económico. Hombres apegados a los vicios y olvidados del deber para con la esposa y los hijos, que en vez de aportar algo para el sostenimiento del hogar le arrancan lo poco que tiene. ¿Qué harán al final de los tiempos estas personas?

PREGUNTAS PARA REFLEXIONAR

1. ¿Qué significa para ti el fin del mundo?
2. ¿Qué piensas de la justicia divina?
3. ¿Cómo te preparas para el día de tu muerte?
4. ¿Qué enseñanzas te deja el acompañar a alguna persona a su última morada?

LECTURAS SEMANALES: 1 Macabeos 1:10-15, 41-43, 54-57, 62-64; 2 Macabeos 6:18-31; 7:1, 20-31; 1 Macabeos 2:15-29; 4:36-37, 52-59; 6:1-13.

PRIMERA LECTURA

Daniel 7:13–14

Yo, Daniel, tuve una visión nocturna: Vi a alguien semejante a un hijo de hombre, que venía entre las nubes del cielo. Avanzó hacia el anciano de muchos siglos y fue introducido a su presencia. Entonces recibió la soberanía, la gloria y el reino. Y todos los pueblos y naciones de todas las lenguas lo servían. Su poder nunca se acabará, porque es un poder eterno, y su reino jamás será destruido.

SEGUNDA LECTURA

Apocalipsis 1:5–8

Hermanos míos: Gracia y paz a ustedes, de parte de Jesucristo, el testigo fiel, el primogénito de los muertos, el soberano de los reyes de la tierra; aquel que nos amó y nos purificó de nuestros pecados con su sangre y ha hecho de nosotros un reino de sacerdotes para su Dios y Padre. A él la gloria y el poder por los siglos de los siglos. Amén.

Miren: él viene entre las nubes, y todos lo verán, aun aquellos que lo traspasaron. Todos los pueblos de la tierra harán duelo por su causa.

"Yo soy el Alfa y la Omega, dice el Señor Dios, el que es, el que era y el que ha de venir, el todopoderoso".

EVANGELIO

Juan 18:33–37

En aquel tiempo, preguntó Pilato a Jesús: "¿Eres tú el rey de los judíos?" Jesús le contestó: "¿Eso lo preguntas por tu cuenta o te lo han dicho otros?" Pilato le respondió: "¿Acaso soy yo judío? Tu pueblo y los sumos sacerdotes te han entregado a mí. ¿Qué es lo que has hecho?" Jesús le contestó: "Mi Reino no es de este mundo. Si mi Reino fuera de este mundo, mis servidores habrían luchado para que no cayera yo en manos de los judíos. Pero mi Reino no es de aquí".

Pilato le dijo: "¿Conque tú eres rey?" Jesús le contestó: "Tú lo has dicho. Soy rey. Yo nací y vine al mundo para ser testigo de la verdad. Todo el que es de la verdad, escucha mi voz".

SI NOS hubieran preguntado cómo quisiéramos que fuera la llegada del Hijo de Dios al mundo, cualquiera hubiera dicho que debería venir de una familia rica y bien acomodada. De ser posible, hubiéramos dicho que viniera a este mundo como el hijo de la persona más fuerte y poderosa del mundo, para que recibiera todo tipo de atenciones y cuidados, donde pudiera ser respetado y obedecido, donde pudiera manifestar toda su fuerza y poder.

Sucedió exactamente lo contrario. ¿Cómo aceptar que el Hijo de Dios venga a este mundo en el más silencioso anonimato? Llega como el más pobre entre los pobres y no tiene siquiera un lugar dónde nacer; sus padres apenas encuentran un establo para que ahí venga al mundo el nuevo rey de Israel. Y para festejar este acontecimiento que marcó el inicio de una nueva etapa de la historia, no hay noticias, regalos, pachangas ni bailes. Al contrario, son personas totalmente ajenas al pueblo de Israel quienes reconocen que en Jesús hecho niño había nacido un rey. El rey de los cielos llega a este mundo completamente indefenso, entregado a los cuidados de María y José, gentes pobres de su tiempo cuya única riqueza era su fe en Dios.

En su vida pública, este mismo niño no tendrá reparos en manifestarse abiertamente como rey así lo cita Juan en el relato de la pasión: "Yo soy rey". ¿Cómo entender un rey coronado de espinas? ¿Qué tipo de rey es aquél, a quien han desnudado, torturado y humillado públicamente? ¿Qué tipo de rey es quien habla de su Reino que no es de este mundo? Difícil de entender es el Reino de Dios, y lo sigue siendo difícil porque el poder en su Reino es servicio, amor, justicia, paz, alegría y gozo en el Espíritu Santo. Por eso, nos cuesta aceptar a un Jesús rey, porque queremos seguir los modelos de poder de este mundo y no los que nos propuso Jesús en su ministerio.

Aún sigue pasando lo mismo. Quienes luchan por la verdad acaban asesinados: Martin Luther King, Jr., Óscar A. Romero, Juan Jesús Posadas Ocampo, Juan José Girardi, Monseñor Angeleli, miles de campesinos guatemaltecos y salvadoreños; cientos de catequistas, hombres y mujeres de fe que murieron a causa del Evangelio. Ésa es la consecuencia de ser testigos de la verdad. A nosotros no nos puede ir mejor que a Jesús, pero obtendremos su recompensa. Nuestra recompensa será el cielo. ∎

VIVIENDO NUESTRA FE

No cuesta mucho trabajo descubrir que en este mundo los que reinan y gobiernan no quieren saber mucho de la verdad. Cualquier persona se da cuenta de inmediato que si tiene interés de triunfar en este mundo, no le queda alternativa sino hacer equipo con los malvados que de la noche a la mañana consiguen lo que quieren.

Para quienes tienen esperanzas de triunfar en la otra vida, no existe otra alternativa más que afirmar y fortalecer la fe en que Dios será quien imparta la justicia y el derecho en esta tierra. Será él quien corone a los que trabajaron por la paz y les dará el Reino de los Cielos. Entonces, las personas que no hayan vivido según Dios implorarán misericordia, la que no tuvieron con sus semejantes.

PREGUNTAS PARA REFLEXIONAR

1. ¿Qué nos quiere decir Jesús cuando afirma que su Reino no es de este mundo?

2. ¿Qué actitudes descubres en las autoridades cuando el pueblo les pide la verdad?

3. ¿Dónde identificamos el exceso de poder en nuestra sociedad?

4. ¿Qué relación tiene el machismo con el exceso de poder?

LECTURAS SEMANALES: Daniel 1:6, 8–20; 2:31–45; 5:1–6, 13–14, 16–17, 23–28; 6:12–28; 7:2–14; 7:15–27.

Recursos en español que puedes obtener de Liturgy Training Publications

Manual para proclamadores de la Palabra

Palabra de Dios

Calendario litúrgico (de pared)

Ministerio y formación

Liturgia con estilo y gracia

La Pasión de nuestro Señor Jesucristo

El manual de la sacristía

Respondiendo Amén: una mistagogia de los sacramentos

Alimentándose en el Reino de Dios, orígenes de la eucaristía según el Evangelio de Lucas

Los documentos litúrgicos: un recurso pastoral

Rito de la Iniciación Cristiana de Adultos

El amor nuestro de cada día: manual de preparación matrimonial

Preparación para el bautismo

Cómo celebrar la Semana Santa y la Pascua

El potencial religioso del niño

El Buen Pastor y el Niño

¿Qué haré este año durante la Cuaresma?

¿Qué haré este año durante la Pascua?

Los ministros de la comunión a los enfermos

Agenda Litúrgica

Colección: Amazing Days

Nuestra Señora de Guadalupe

Los tres días para guardar

Materiales bilingües

Primero Dios: Hispanic Liturgical Resource

La Navidad Hispana at Home and at Church

Cuidado pastoral de los enfermos/Pastoral Care of the Sick

Hagan lo mismo que Yo he hecho con ustedes/As I Have Done for You

Serie *Basics of Ministry*

Guía para los diáconos en la liturgia

Guía para los proclamadores de la palabra

Guía para ujieres y ministros de hospitalidad

Guía para los patrocinadores del catecumenado

Guía para la santificación del Domingo

Guía para ministros de la comunión

Guía para la asamblea

Guía para la Misa Dominical

Videograbaciones

Videoguía para Reúnanse Fielmente en Asamblea

Videoguía para Ministros de la comunión

Proclamadores de la Palabra

Nueva Vida: una parroquia celebra el bautismo de los niños

La celebración de la Misa hoy

Ésta es la noche: una parroquia da la bienvenida a los nuevos católicos

Una historia de la Misa

Un pueblo sacramental/ A Sacramental People